H F P A V A P P R E C I A T E N E M
D K V L G T N J K J K F K I R C Z N
I V K Q P Y C C L M D I Y L S I V F
R M X J U C L G S U N G L A S S E S
T X V K N X F X U J F R O G S F Y H
Y N B Y I K N U L H B J H G R C C E
D Q Z R V L S Q U A R E C E R S D D
L S U P E R M A R K E T P O A K A A
U X A H R G D I N I V A T I V E R S
U H V X S T E P B C T R E E B M U T
T D U F I A S R D H S R A T M A N I
I P G W T E P I Q A U B E E R G Y G
T A Q O Y Y I S E I S A R W Y A R B
Q V C K Z J T O A R V L T B U Z Y B
P Q W A C Q E N R I C C E K Y I E E
P A I N T I N G N H N O R U X N V A
J A M N M M Y F G O K N F J J E A R
S Q U E A K I Z X V I Y Z Q W K J F

SQUARE, PRISON, EARN, CHAIR, MAGAZINE, BEAR, DIRTY, BEER, BALCONY, RUN, SQUEAK, SUPERMARKET, APPRECIATE, UNIVERSITY, PAINTING, TREE, DESPITE, SUNGLASSES, FROGS, INIVATIVE

F L I N A C Y S M W M I S T A K E F
W F F M B D R W A T T A C K H Z H G
Y Q O K I Z W K D T F F C L E A N T
D I K U L C I N F O R M A T I O N G
D D F P I R Q V U L K R O V O S J B
Y E E B T E E P E R S P E C T I V E
A A E A Y A F C E A P I P E O P L E
I J L J Z T S N M G M D N G U H T I
W I I N N I M E P P R O C E S S H M
S O N D F V I B A Q P I T J A S I A
J I G V N E V P T W Y R W N R H N G
B H V I E W L Z H Q Z Y V B U I K I
E K N F B X S V Y A U S K G D F I N
N O V O D E P R A C T I C E W T N A
E N P C L C R F E L W C Y C L E G T
F L K S X A M U S C L E R E J R J I
I J O K F A Z Q H W F W P F I L M O
T D G T V E B T H M K S F J W W V N

PEOPLE, VIEW, MISTAKE, FEELING, CREATIVE, MUSCLE, ATTACK, IMAGINATION, SHIFT, IDEA, PRACTICE, PERSPECTIVE, CYCLE, EMPATHY, THINKING, ABILITY, BENEFIT, FILM, PROCESS, CLEAN, INFORMATION

I R R A T I O N A L I T Y C E Q K K F I
C U M A C T I V E O B J G O M O E Q Q L
M I O G M L I D I G W Z R E A C T I O N
Y P R F U M X A A R Y C O N N E C T U Y
D V E E S Z H K X E E Y W I E F C U H L
H J A A H E K H W A Z V Z G A B H V U Z
B U D R Z O I J V T J D Z L L E M F L K
O F L L Z G R H C H U S U P E R I O R D
N L O E Z N S O C I E T Y W Y N L L E L
W I X S V N C T N K L V X A R I Q L O S
E F O S I W R V N Z U L H Y X B A O O X
A E N I D Q R O A D T Q W A K Z R W F P
K C Q N Z T W U T P R O D U C T I V E O
E L W A H G J F U L F I L L E D B X C H
D I C Q I T V W R C H M R T A K T V B O
W L C Z X J P T E A G P S Y B M B Y U T
R S S B A V O L Y P B U H H S A G A E E
W I N D I V I D U A L L I K O G A M S W
K S S X C K L Q O K V S G C R I L Q M X
J C F G T B C W U I N E H M B C X F D J

PRODUCTIVE, IRRATIONALITY, REACTION, WAY,
INDIVIDUAL, LIFE, FOLLOW, SOCIETY, WEAK,
ACTIVE, SUPERIOR, IMPULSE, MAGIC, NATURE,
HIGH, FEARLESS, FULFILLED, CONNECT, GREAT,
ABSORB, MORE

A E N O U G H A J W O M R Q R X
E W H I L L C F I E M I T P U U
G A Q U I E T L N A I W U O K N
G Y Z G Q U U O F L L S P W A Z
O B Q T U Y Y E L T I O Q E T D
V L Q O I M I G U H T D G R T E
E J E N C U C D E B A T E X A M
R V G E K N I B N V R J K B C O
M V E N L J T C C M Y Q L I K C
E O K D Y O Y L E A D E R R E R
N M B T I Z Y C I T I Z E N S A
T A F T E R N O O N K R Y Z L Z
D C I U O M B A C K V T I W R Y
K H D M I S H F C M P E A C E K
E Z L K N E F N C G N B U R P Q
T H U L U J O P P O S I T E C Q

ATTACK, END, DEBATE, LEADER, GOVERMENT,
AFTERNOON, INFLUENCE, MILITARY, QUICKLY,
OPPOSITE, HILL, BACK, DEMOCRAZY, QUIET,
PEACE, CITIZENS, ENOUGH, POWER, WAY,
WEALTH, CITY

G H P W I L L C D S S C W Q G L C X
E M T L A T E V B U J P B D R N R M
I M O R E K E X A P B I R Q Y L S I
M A K D X Z Y H O R J F A M I L Y D
P N V M L S Q S S I Q Q X U L J F D
O B N B R I S E R S J V W U E R T L
S Y O H B B F T E E K G K O M O V E
S E D A A U P B A T T L E F I E L D
I O O N A V Y J I V G L L P S A C T
B P R E F E R R E D R D L O R S U K
L D F U R X C V T B R V H W E Q O Y
E R P N P L O E P R O S P E R I T Y
L A N U U Q M N A C S T A R T W R I
B M Z S S U E O D K F O W F G J Y X
I A X U H W I B S X K K Q U A H W O
Z S T A T E S M A N D M O L X W G O
V A V L B J E A R I S T O C R A T S
O E Y L A N D O W N E R S M Q M T B

LATE, UNUSUAL, ARISTOCRATS, STATESMAN,
BATTLEFIELD, PROSPERITY, MIDDLE, RISE,
FAMILY, DRAMA, IMPOSSIBLE, NAVY, COME, MORE,
LANDOWNERS, PREFERRED, SUPRISE, POWERFUL,
MOVE, START, PUSH

L A D R A I N C W S A F O Y B M P R S
O J Z Y G E K S T P J X B T A A T R M
W Z D E T Z W T N I U K U G C R E U V
J T M X E M J A U R E X I K D R D T T
S G U I D E L T V I Y L L K L Y L J R
C U U S S J Z U G T T O D O O H B E E
Y F T T K H Y E U F F S I V O A Q P N
U L J K W I S D O M X E N A K C L R O
G T R A N S F O R M V O G A S A S S N
T Y T X T D T F U L F A V O U R H L M
V S O N H J G D D S O K M A S S I V E
Y S R D E V N V A L U E S H L B U X X
F C T P A D L E Q J I H G N H H J A D
J G E I T U N Y N P O L I T I C A N S
Z C D D H Q R Y C O M M I S S I O N D
S W Y E E I N T E L L I G E N C E U H
H X V Y R C R A F T M E N U U E U G O
D O V K Y E Y V X M O N E Y E T N O U
P J B E A U T I F U L V X T A Q S C R

INTELLIGENCE, MARRY, MASSIVE, WISDOM,
BUILDING, VALUES, EXIST, LOOKS, STATUE,
MONEY, POLITICANS, SPIRIT, THEATHER, FAVOUR,
LOSE, CRAFTMEN, COMMISSION, DRAIN,
TRANSFORM, BEAUTIFUL, GUIDE

I M I N I M A L A L A Q K M K J P T

E N V I S I O N R I N X U I G V D A

V G F X N M D H G S U S C A L M W V

J K O S K A I A U T M U Q V R A J I

F U L R X A S N M E R W Y C J P J U

U R L N O K C T E N P E K U V P C Q

C C O A S T O X N B Y I D Q R R Z G

H O W A Z E U F T Q F G D I W O W G

L R V W V F R M O N T H H U N V Q M

G E C X I A A F I K A T B W C E D B

E A F S C T G Z P A R T R I O Q E V

F S Z P T E E I G T W P A E N Q B Z

G O Y M O F D U O P P T D L F V A A

T N C F R U S T R A T E G Y I O T E

C T U N Y L E N T V A D J P D E E M

Q Q O C E W R I Y F E A R U E B C M

C A O R K A N X I O U S M E N N V M

R E E F K D H A W K S P M F T W R F

WEIGHT, COAST, LISTEN, MINIMAL, ANXIOUS,
FEAR, HAWKS, CONFIDENT, DEBATE, REASON,
FATEFUL, MONTH, VICTORY, ARGUMENT,
APPROVE, STRATEGY, DISCOURAGED, FOLLOW,
ENVISION, PART, CALM

H A D R E A M R J I B U L K W D M K O F
Q L F X A C D R E I N F O R C E M E N T
L P L X U T A K I Q R K V Z Y P Q Q A S
M R Y P N D B K B L Q U E P J H K M L V
D D A S D K Q J U O W M Q G F O R C E A
Z G H D E N Y K T A D V A N T A G E T G
V X Z D R P D R J F U S P Y P D S M N B
D P L A E L D W E I Z J E F E A L O M F
Y D S T S A Z H A N J L E T T E R M N J
A W P J T A H U M I L I A T I O N E O P
Y A G R I G Z C Z N L P H S T H C N P X
E V B T M U J R R J E L Q Z V T S T M P
A U G A A E P Z H V A D E S P E R A T E
R W A Z T A U G C E D T I R E D V L A P
S T H P E T T E N O E P N J S X O V K J
K A G K M G I Y Y E R Q T S U M T L P U
L B B I T T E R N E S S A P J E A T T
P L E I S U R R E N D E R S H C K O R H
A E A N Y M O R E T F Z I K R I F A N S
H B J S U N S B V F F E T Y B W A Y P V

YEARS, SKY, SURRENDER, LETTER, FORCE,
DREAM, BITTERNESS, DESPERATE, MOMENT,
TABLE, UNDERESTIMATE, PLAAGUE, ADVANTAGE,
ANYMORE, REINFORCEMENT, TIRED, HUMILIATION,
VOTE, LEADER, LOVE, SUN

Z K O O S E B L O W L Y Q D R Q D O
G C F J Q K G Q K Q O A Z I J O F O
D K Z E E X Z G B F S E S L O N G B
T F C U S T O M E R S B A H H X T H
L B U M A N E U V E R I N G M S C A
F V J D D B M T N G Q U P N E Q M R
M Z B O N A B Z D O I A V H O Q X D
U G N U Y T S S H M Z S W E Y U J F
W O G B P T Q C X A L N B Y I C F F
K N L L W L W E S N T R A O H W U L
Q E O E N E M N P R M E K K N K V U
G Z S L S Y A E O W I A K Q E V B W
O B E X H A R S H T D L Q C H I G B
D E M O T I O N S K Q I S E E R R E
U Q S A P K P J O W R S A H I E E J
S P J O Q U I C K L Y T T S G D E W
M L A R G E Q V F W R I X L H E D H
P K U U S B A D L Y O C O N T L X Y

CUSTOMER, HEIGHT, LONG, SCENE, LOSS,
MANEUVERING, GOD, LOSE, BLOW, GONE,
DOUBLE, GREED, BATTLE, HARSH, EMOTIONS,
REALISTIC, BADLY, HARD, LARGE, MAN, QUICKLY

T G J R A D K Q X D C R D A W I N U
E O T R A P P S S E U N F M M T W D
K R D O E K V C O C O N N H S H Y Y
R A U F G X E G F I P L C C B U J H
H W A L O N E Y U S V F L U F K A J
D A P R O D U C T I V E O G H R W K
V Y C B R P B T G O T U U V X X Z E
V O I C E Y M C O N T G D O O Y C H
W S A R F C W O W R T Y S E R V E P
J P W U E S X N O P C V I C T O R Y
S E P V C R Z C N P U L Z H R Y V
U O L R T T S E S B O W F Q X N O Z
T L F D T E J P H A M Y U R S J F Q
I K W X N G X T I N W A R D U I K B
F P O I K O L I P H E L P I N N P H
I F R R A T I O N A L I T Y I W R P
E O D X G D J N Y R M I N D F I H Q
D E N E R G Y D T I L I E D Y S D U

MIND, CLOUD, PRODUCTIVE, WORSHIP, EGO,
UNIFY, RATIONALITY, VOICE, HELP, ENERGY,
WORD, CONCEPTION, AWAY, VICTORY, SERVE,
DECISION, INWARD, JSUTIFIED, TRAP, ALONE,
REFECT

M O K L X S S H Y A X J V T A H H
A C O N T I N U E C B M G J T P Q
F L E X I B L E S X C F U H T K E
I B I I N S T E A D U L S K E E X
H X N D A S S E M B L Y S F N N P
D E C Y M M I I B A T I T Y T D E
X U R M B Q B Q I H I U A R I L R
N N E H H J T U R N V Y N P O E I
S D A J C W Y V N W A O D O N S E
U E S P I R I T H K T U A T S S N
C R E A T I V E E E E T R E E B C
B S M X C D D R L Y D H D N S P E
S T Z U O D L T P J M Y X T W L C
P A Z N P Y Z I D E M O T I O N S
X N I D E A U K S M W R F A Y Z L
D D V W N H L Z J I E C O L D A Y
M Q J M E N K J A N P E Z D O U Y

IDEA, INCREASE, TURN, EMOTIONS, ASSEMBLY,
CULTIVATE, CONTINUE, ATTENTION, YOUTH,
INSTEAD, CREATIVE, STANDARD, UNDERSTAND,
POTENTIAL, KEY, HELP, FLEXIBLE, EXPERIENCE,
SPIRIT, ENDLESS, OPEN

G Y G K G R M X V F T O R Z W C G V
B A P Z V E O T R U T H C K U M N I
U D R F N S D J D Z U V R Z G Q R P
X V O R T P E K A T R A D E H T T T
Y I O O C O L O N V F Q O B T P E K
Z C R G M N P M G M E J J Z H S C B
E E U P P S K O E I M P O I N T Q L
A O N P L I G G R V W C S E L L E R
C V M P A B K A L N D R I X R D A Y
C B Z R N L T V J L G A F V E Y K N
E V H F U E A W Z B L S E P G M V F
D I S L I K E S J R I H E O U L O H
G O V E R M E N T O N I L R L L C U
V G A R O U N D J L H E P N A J E M
N F S I G N I F I C A N T M T G F A
R H J Z J W S E E K S G J O I S R N
F G E J R Z D H T C O U L U O X U U
F C O N V E C T I O N S C E N A L Z

POINT, SIGNIFICANT, RESPONSIBLE, CRASH, PLAN,
MODEL, FEEL, CONVECTIONS, SEEK, RUN, TRUTH,
DISLIKE, AROUND, GOVERMENT, HUMAN,
REGULATION, SELLER, DAY, ANGER, TRADE,
ADVICE

F P Z E S N N X M U O S W I B B Z R
Z D Z C T J S T U D Y H B G T I U G
B R O V E R W H E L M D A N T S J R
I N W A R D L R O Z A G S O C O E U
J W H U A X S C T Z Q D I R S U X I
Q A B I P I Y K W F Z Y C E P T T A
Q A N A L Y S I S B Q R X O E H E Z
W A V E R V A N X M K L P M C A N V
T O W A R D P F T N R M H Y U L D P
B U B B L E D O H H Q O M Z L X L N
Z C H E T I E R H S V X Z P A R X X
E B P N T U F C G E D U C A T E O H
L F F Z J B F E I F J R K H I L A S
M J U L C Z E D T T T I M E O I B V
U P V H A O C P R P U S J P N H D Q
G J D Q U F T X A M E K R E N D E R
E X Z B S W J J T E Z R M I R R O R
Z F A G E L A G E H H D V K T Y P X

RISK, CAUSE, SPECULATION, RATE, MIRROR,
FORCE, BASIC, TOWARD, EXTEND, RENDER,
SOUTH, BUBBLE, EFFECT, EDUCATE, TIME,
INWARD, WAVE, OVERWHELM, ANALYSIS, IGNORE,
STUDY

G B A C R B Y G O W D F H L E H S V
T U N F F R A I K I P F H A N A F Q
T U I L U A A M B S C I H J V O Q H
L A M I T I G P G E U N D U I G H K
S C A G O N S U B V F S D P R F U N
P T L H K I E L Z F E T S R O Y L H
A I S T V D E S I R E I Y O N M J X
T O L W H E T E I G E C S F M I V V
T N Z A H Q Y G P V U T T I E Y K G
E C O M M O N Y D A G I E T N A D R
N R E S P O N D U N L V M H T J K E
T A R N H M E R E L Y E L K I S P E
I V B B H K B D A N G E R V Q I C D
O F I W H L T H M J T D N O B O D Y
N N Q L K Q H D C X T Z E B Q C I I
W J H H F I P L A N G U A G E J E V
I N D N X M O T H E R W W C J V F B
D F U N D A M E N T A L K K E X Q N

PROFIT, DANGER, INSTICTIVE, MOTHER, ACTION,
DESIRE, WISE, RESPOND, NOBODY, ATTENTION,
FUNDAMENTAL, GREED, IMPULSE, FLIGHT,
LANGUAGE, MERELY, ENVIRONMENT, BRAIN,
ANIMALS, COMMON, SYSTEM

L N I G M S L I O F R E L A T I O N P
K L F N C K Y D Z I W H T A B Q D G L
F F L P O B Q S I O S O M E H O W W M
M E J D M R C T C R O S S I N G E G W
S A P E M M C I A T P L O P E N E R U
E R E C U J K N N U D K N H L A X O M
N C C A N F U T X Q R P D P F N X P L
S O C S I C F E I R E Y S I E I X E A
A L S C C R M L E H A R D Q E M K R N
T U F A A V O L T S C X T X L A V A G
I D J D T G O E Y G T M R M I L J T U
O Y P I E Q D C J D I L A E N Q Y E A
N O H N F O A T P W O X N B G L W I G
G B R G K P B U C X N D S Q U E E N E
S U Y N D R E A S O N N L C Z D L S P
S R E R W O R L D V U M A X C A P F R
Z L Q L L F R U S T R A T I O N W L A
W H M J L I B Q E Y D F E D U J E I H
D S J W Z Z F A J V Z E N V Y B S W U

FRUSTRATION, OPERATE, ANIMAL, ANXIETY,
WORLD, ENVY, INTELLECTUAL, SENSATION,
SOMEHOW, REASON, CROSSING, COMMUNICATE,
FEELING, TRANSLATE, FEAR, HARD, RELATION,
CASCADING, LANGUAGE, MOOD, REACTION

O H V C H U E V M F N S Y U G Q P U I P
A U I J L P R R I U E I S Q X B J R Q P
G U A S N A K K S U Q A N G E R C Z W T
T E A M O S P S T I G S J B L X O C P A
A A Q S P S O I A L T V Y O O H C O R J
W L I N D I M Y K L F O L L O W H N T P
O U F U Q O T S E U B H H D P L A C R E
R F C M L N Q T S S H I S N J U N R A F
K M E S S A G E W I N K O E Z V G E N F
F C D C U E Y E V O J I T S K G E T S O
I A P P E A R P E N K H Z S K M M E L R
Q C S O P H I S T I C A T E D D J J A T
L O A D E B M Y N L W R Z T B J Y T M
A P Z I U P O N G X F A S J I X O Z E J
C E D S X H C K V G V T E U V Z X Z J Y
G S N A U P L X C V Q M S Z V D X Q K R
I B D G T M E L O A C T T H U O A W J G
D B J R T F A Q P R E S E N T A T I O N
O D R E T O R M T G N L Y M S X I H B R
D S H E B O M B A R D D S J A T X U L K

ILLUSION, ANGER, UPON, MESSAGE, CLEAR,
SOPHISTICATED, PRESENTATION, DISAGREE,
TRANSLATE, WORK, CHANGE, LOADED, MISTAKE,
TEAM, BOMBARD, BOLDNESS, APPEAR, FOLLOW,
CONCRETE, EFFORT, PASSION

```
Q F H C O M P L I C A T E D Q S Q X
J P A I Z A S R E G R E T C V J H Y
A B S D T X T Y C I T Y E K X S L E
F C T E G A U E W S I V D V G S X A
K P R A X E D F N V Z C O L S L Z Q
N L U L C D Y M A W A R E O N A I P
I P G W S K E W A M O I V V P C S Y
Z P G S O M E T I M E S E E K K K X
M O L R V S P I R I T E Q W P W D G
M U E P O W E R L C H S M Z V L J M
Z T L U R K H I R E U U H V D I Y F
Y H J A S S I S T A N T D G E Z V D
L P G P Y D I S A S T R O U S B I F
M O S I M P O R T A N T U W R J S N
P F O R T U N A T E L Y C R W U I X
H S N J V R N A T U R E F B R S O Q
P I L D E C I S I O N S Q P J W N N
V U K W Z Z N O G K A P E U Z G X E
```

STRUGGLE, REGRET, IMPORTANT, STUDY, CRISES,
ASSISTANT, SOMETIMES, FORTUNATELY, LOVE,
CITY, HIRE, DISASTROUS, POWER, DECISIONS,
IDEAL, NATURE, SLACK, COMPLICATED, VISION,
AWARE, SPIRIT, SKEW

G T F N T E I D E A H O R A M R J T Z
P I F B M R E L E A S E O D F W M E O
K A E W F U Q T P E Q H S V W K Y R U
T A T H R O U G H X C W Y I Q J K E S
J R N K S B G X C L G R C C Q R C C J
T R V M A A Y K Y S S V R E J D F O W
O I Y I O C C U R E U S L T H Z B I O
N V N C Y S J T O M P E S A B D I L M
Z E V R S Y B H Z S E G M F X L N U R
B P R O C E S S E S R G L U L C F C P
W W D T F B C O N F I R M A T I O N E
S C E N A R I O E O O J C E N R R D E
Z I K W L V I L U L R D E E P S M H T
L R S U B J E C T E L B P J I U A Z C
I Z E V I D E N C E J A H B F P T L R
I N V E S T I G A T E N N V Z P I P A
F E R P E S X J Z V D E O O A L O V S
E V F E B F J X W S B R T Q W Y N Z K
J V M Y H N L B A E V J E X A M I N E

CONFIRMATION, RELEASE, INVESTIGATE,
INFORMATION, OCCURE, SUPERIOR, ASK, BANE,
DEEP, RECOIL, PROCESSES, EVIDENCE, SUPPLY,
SUBJECT, ARRIVE, ROSY, EXAMINE, THROUGH,
ADVICE, SCENARIO, IDEA

K U V F K A U F R J G K D L P F A D Q X
I N T U J Z G W T E J L O M C C Z R Z Z
Y S I A M I L E H N P U X L L X Z A I V
W A E T O B B K O T R K H Q E H A M C U
N Y Y R L N E X U E E T P D A X E A L Y
B S G U L G X L G R S E E I R Q T T E M
L R R S B C P I H T E R U S L T H I V I
I X O T G E L S T A N R P P Y X Y C E S
N M U W H H A T A I T I N L C Q C Z R T
D W P O Y L I E X N B F V A D I X W U A
G W A R J E N N R M K Y M Y J J P D O K
I C M T V B A V J E Q I A J C B A Y Q E
L Y B H N M K D Z N K N O G B L A M E X
A P B Y L I G H T T S G Z D O X T N G T
C A T I S U H G Y G N E Q E Z M D K Z W
Z V J L T T K M C O V U P H T I Q L V I
U X B I R E U N E G A T I V E Y J U I U
X G T Z O F B Y L A S P M K F L V I Q P
Y G Y S N E X W L H M M P R G B B L Y A
Q Z C O G G I E X P E R I E N C E R K X

MILE, DRAMATIC, NEGATIVE, PRESENT, SAY,
EXPLAIN, LISTEN, TRUSTWORTHY, THOUGHT,
DISPLAY, LIGHT, CLEARLY, BLIND, STRONG,
ENTERTAINMENT, EXPERIENCE, BLAME, MISTAKE,
GROUP, TERRIFYING, CLEVER

P D O E O Y M C L I G F V I P U E L S X
N H K K U C Z O T M D A J A V S D Q U I
W U U V X F K M A U H K Y O P I N I O N
S Q I D I S A P P R O V A L Q X R D X F
T R H I N S T A N C E T D J O U H R C A
M N B E B E B R Q Q F E E L I N G B Q M
D M G V I A L E K G X P R F A U L T M I
Y L O A A S A R R O G A N T W D L V U N
P U B R S Y C I R C U M S T A N C E S G
N H P I K H C K F O R G E T E V N G T O
J H T A O N T L P O K P H P G O N F B T
P W V T I P T D G V C D O Z G P A T H U
K Q H I Y D I Y D N F E N F T V T G Q M
O V D O F G I L L U S I O N G A U Y U Y
B W O N J P B Y J F F S J N Y L R H D D
E L E A R N W Y Y O Z K H Y P L A A H M
B J R S C J Z G E R B L A M E X L J D R
P I I Z P A R T Y G S N P C P R L S I Y
V S M O T I O N S E W X D K F W Y K O M
S I W C N X A B F T Q K T C V L J S N U

FORGET, PATH, INSTANCE, PARTY, OPINION,
NATURALLY, BLAME, FORGET, VARIATION, EASY,
MOTIONS, COMPARE, ILLUSION, DISAPPROVAL,
INFAMING, FEELING, LEARN, CIRCUMSTANCES,
FAULT, BIAS, ARROGANT

M G Q Z A Z K E X P L O S I V E R M N Y
A P I B Q W H U V J W X C K O A E Y D C
N E T M E X T E R N A L W V E V M J H P
I L O Q V C F T W A W S A E T H I C A L
P E M O T I O N M R C P R J T Y N B K I
U I Q Z E R F P C M M A O V I F D Y U C
L C K O D C J H A A M R U D A W I G B S
A O Q Q W U I E P W F K S S T U D I E S
T S N N P M B B T H W L A T U N N E L K
I S K D P S W B U O P I L P T U N N E L
O N Y H Z T V J R D I N O B M F U T X S
N Q N S O A R L E E J G N V R M Y A G A
B J F N M N O R E M I N D O O S J L R M
I E O U N C S C P K K G S T D G T E A H
X Z C F H E N F B P O H O H W R A N D U
D W U A K S G Z D X X B D E O W A T E K
E U S T I L L U S I O N F R E P W C P T
M S J V A Z S N L P V A R I A T I O N P
L N X F A U L T G Q K A K R H C E O A W
V M R N M N C F D F P D U S C X H C S K

TUNNEL, CIRCUMSTANCES, OTHER, REMIND,
AROUSAL, EXTERNAL, REMIND, VARIATION,
SPARKLING, GRADE, FAULT, MANIPULATION,
ETHICAL, TALENT, EMOTION, CAPTURE, STUDIES,
TUNNEL, FOCUS, ILLUSION, EXPLOSIVE

X K S F H U H R G Z T W S P J N D J
C N Y A K T M A T T E R D M W O E O
O N J Z S P E Q U I V A L E N T C T
X A D V A N C E M E N T V D D L E A
W U R N Q N Z N H N C D V S K I N I
Q C S N S A R R O G A N T I Q N T P
E X K R E N N F V H Z B H Y K C S K
U U B R X E P N T R E M E N D O U S
U E M A T U R E V Z F T P H J W A X
H V E Q B O A V D J M J A A A M F P
U E W R A T I O N A L U G M T E A R
B R G L V P E A C E C S O G I R S O
G Y D C U O P Z M D T T O H R E J M
R T W R T H I N K V N I D P E L X O
Q H F K F A C T O R W F N U S Y R T
U I C A R E E R T R J Y E L U X F E
R N K B M H X W T Q K T S L L U X A
U G O Z F M T A C T I C S I T F H C

TACTICS, TREMENDOUS, MATURE, JUSTIFY,
PEACE, DECENT, THINK, SKIN, EQUIVALENT,
EVERYTHING, RESULT, ARROGANT, PULL,
PROMOTE, FACTOR, CAREER, RATIONAL, MERELY,
ADVANCEMENT, MATTER, GOODNESS

Q U T Q O P U U A C D D K Q H K O U P
K T H T F A T R E L A T I O N S H I P
P H I S T O R R A R F E V H K H C L O
O I N E D V A A B A N D O N M E N T A
S N G L B E I L A T E R L Z U B Q K E
D G U Q Q R T V V P O S S E S S V L K
R I I H M R C H I L D H O O D S O Q A
X X G D E E S H P I U M E M O R Y W F
H E V A V A N Y H G N Z R U S H L J I
Z P B S Y C I K J T W H Y E R O P K M
P J Z H L T H X M H O E I N F A N T K
M F E F A O T Y M B R A S Y X Q C H V
O V E R G W B W E L T L Y T N F O W T
H A T T E N T I O N H T Z R L V B O A
S T E P X H W T J S Y H F I F W G E L
H O R M O N E S N J M Y O G J G C H A
G Q B G J L F G Z A I M A G E L H Z S
I V Y W H L F B Y Z I V Y E A N F G K
B P O W E R F U L O H U K R V K R X Q

POWERFUL, IMAGE, OVERREACT, CHILDHOOD,
UNWORTHY, ABANDONMENT, HEALTHY, OVER,
STEP, ATTENTION, RELATIONSHIP, THING, RUSH,
HORMONES, TRAIT, LATER, THING, TRIGGER,
MEMORY, INFANT, POSSESS

H I A J T Q V G H A P P E N P S O J O
J I Q O D F A O K J B H Y H S N L F U
Z W O U N D X Y N P C J F T N M A K X
S S E M C J R U C O O U I I C I F J L
E J E G N T J U Z C T Q V L R D C G S
N B Q R A H R M P T H I N G G M H T U
S O U E M D Z F E A R L C G C F U M N
I M A A U X I N B S L H R X C E M M W
T I L T T K L Q L S X F U S U S I H O
I R E A L I T Y V O Q Y S C Y I L E R
V W C U R L I N G C Y F H E C F I I T
E N O T I C E R N I U P G N T J A G H
A C T I O N M L C A O B Y E D N T H Y
H S D I S T A N T T A R C U T L I T L
H L J N G P X N F E I C B X D S O S N
R V U Z H I L L N E S S C Q M J N K T
Y E V X J C O L D N E S S T M J S N G
B U F H X S S I T U A T I O N G O K Y
X A U D T N V U A X L D S X R J V J K

UNWORTHY, SCENE, GREAT, ASSOCIATE, WOUND,
HUMILIATIONS, ILLNESS, ACTION, EQUAL,
COLDNESS, REALITY, RUSH, HEIGHT, CURLING,
DISTANT, NOTICE, HAPPEN, THING, FEAR,
SENSITIVE, SITUATION

J S U B T L E I U S C F L I D E T Z V
F P N X Q A L N R I K H O D E P E N D
O W E F F E C T I V E Y A U E Y L D U
R E K V A C T E J D W R M Z U C O I N
E S J L X H B R E N E R V O U S U L N
H D N O S Y D P X T A M Q D W R D L O
E F R A Z C G R T A S I S M I L E U N
A O T H E R U E E L G K I N M L E M V
D U N T K B K T T K P T V S A Y N N E
T Y X A Y L R I G V A L U E A B L E R
J N C L N L K O G F A P P E A R E G B
N D N K J H P N C W I L F P F K I G A
Z D W R I D D L E Z X O A G R M B T L
D Q L C L N U C O V E R T F I W V C M
D C O W E Q C L O J C J T C E Y S E H
C L K O N D D A Z O T J A E N I M K F
T B L A M E Z Z Y A Y W C U D R A V D
J I G G L I N G Y A D C H I L G D B W
Q F J S N A Y Z Y I F C W A Y P F S U

APPEAR, DEPEND, RIDDLE, FRIENDLY,
INTERPRETION, COVER, EFFECTIVE, SUBTLE,
ACT, SMILE, NONVERBAL, FOREHEAD, TALK,
VALUEABLE, ATTACH, SAY, JIGGLING, BLAME,
NERVOUS, LOUD, TALK, OTHER

X M A N I P U L A T O R S K W J J L Y
O G Q G D D I S T R A C T U E Q I Q E
F U W E E X U W V Z E O Q B C X V U I
E E B N V Y K Q G L S E B T V Z C L G
M L E V E L C C X I S S S R C I Q N A
I V N G O A L O I X E K P I R X S D S
D I E E B C E N M W N G P C E J K I S
E C F B J G B T Y R T G W K Z Z U N U
A T I V W K P R M A I N T A I N M D M
I I T V N D L O O O A G Q M H S E F E
H E A L T H N L E T L Z M I J S C T Z
B S C H A N G E Y W V G T L V M V R X
N N Z Y B V V Z W A N G M X G I Y I R
J A T T E N T I O N T Q A Z W L K C J
T K P V F C Y G I T K U J R Q E U K R
V W J T L H G L P I C T U R E K I V Q
Q U S A O A E V S A O E V I D E N C E
M V I M S T A C B K R P W B B Y Z K Q
V R I L M Z F M Y D O U B T H H R L Y

CONTROL, HEALTH, EVIDENCE, SMILE, PICTURE,
ATTENTION, MAINTAIN, MANIPULATORS, ASSUME,
TRICK, LEVEL, WANT, DISTRACT, ESSENTIAL,
DOUBT, BENEFIT, CHAT, VICTI, IDEA, CHANGE,
TRICK

Z M Z Z S S T R I V E O T N Q S H X T
Z A D S B G P W U Z H A R R O G A N T T
Y R J L U M A J U A S S E R T Q S P R
Z T S M X K E I L X J Y B K U E A O W
O I M E Q E A U S W B O R I N G C W V
M S F C I M I N J Z D S L E E P W O L
O T S O R S E A M L E S S C F T S Z E
N Z E M O T C R B B J C W R B E C Z X
E H R P N Z U S P I R O N E O H T U P
Y P V E Y S G O A T B U T A N S U T E
I K I T L O U P S X L P U T D X X D R
T P C E W T L L N N P L Y E R U B J T
S X E N F E K A H Z W E W I A F I W N
R R V T V I J U Z H K C B K H B M Q E
V H B P I A R S I Y V I C T I M S O L
P I P E I K M I W Z J Q K E N E R G Y
Y Q M H A T Z B Y F J C L E V E R R K
B M W Q T B T L W H J R U P P V M W G
H I H P R O F E S S I O N A L Y Z P C

STRIVE, ASSERT, GOAT, CREATE, ENERGY,
ARTIST, EXPERT, PLAUSIBLE, ARROGANT,
CLEVER, MONEY, COUPLE, BORING, BOND,
VICTIMS, SLEEP, SERVICE, IRONY,
PROFESSIONAL, COMPETENT, SEAMLESS

G B F S Y L P H I I Z U H K Q I M
N I J E P A Y T G G R B F Y Y D T
F O M M A N I P U L A T E N Z I I
Q J H X A M M U S C L E S N K O X
G H M O V E M E N T S Q T O E T N
E X P R E S S I O N F U I A F Z H
A N I M A T E V R Y R E A W E V A
M O M E N T C K J L E S P O A H R
U F B O D Y P P I A E T P U E K M
L L M O M J H L T N Z I R G N E L
E A S E S Y S A R G E O E B C D E
P S P E J I Q C X U P N T N O R S
I H M E S S Y E J A A Q E G U H S
D E S I N G E D W G U B N D R O E
A S Y M P A T H Y E M I D Y A U A
Z R B U B H I K S A D Y D Y G Q R
I M D V M X H C T V O I C E E M Y

IDIOT, MANIPULATE, FREEZE, MOMENT, ANIMATE,
LANGUAGE, MESSY, DESINGED, HARMLESS,
FLASH, QUESTION, VOICE, PAY, MOVEMENT,
PRETEND, BODY, EXPRESSION, SYMPATHY, PLACE,
ENCOURAGE, MUSCLES

I N F O R M A T I O N Z O K B H D P
W G J Z F R H G E S B Y Q W N Q F M
M A B I L I T Y M O Z Y S S T U A M
U D E T E C T N M C L W I M U H C U
T G G R G X S E R I H O T I B P T Q
Y P E E T Q H G R A E Y F L P T G L
O O N F D F U A E L E L K E P O V Z
L L E I R T M T V L D A M A G I N G
M I R G P M B I E Y Q U J Z P O I W
B T A U Z V L V A Y X Y S H E D S F
B I L R T U E E L U Q S L B C P R V
E C V E H T I A I E G H I G H Y X P
L I Q S C R E E N P L A Y Z T O P I
V A S T A K E F G T L H G I B Y Z L
E N E F L A T T E R Y V O D J Y M O
T T E S L O S W Y M M O R E H T J T
E C O M P E T E N C E C Y O I J V Z
O U A U T H E N T I C K L V I B R C

SOCIALLY, FACT, HUMBLE, FLATTERY, HIGH, STAKE, GENERAL, INFORMATION, NEGATIVE, COMPETENCE, AUTHENTIC, MORE, SCREENPLAY, SMILE, DAMAGING, DETECT, PILOT, FIGURE, POLITICIAN, REVEALING, ABILITY

M M D A F B E T T E R B M R U M K Y
B V P A R B Y F L I M E L I G H T X
L M P E M U B O I N T E R V I E W Q
M T Q Z M G U L A M E T H O D U E C
N Z Y Z A K S L E Q H J W T E L B U
R C D G S Y I O V A A H D A H U U E
C J J H K L N W G P Z S D T O F Y S
K S J O B V E I S P Q U B T P T S O
P R O P E R S N H E K D J O R C T L
G H F Z V O S G A A M D C O I Q Y T
G C G J R V R N L R J E R S V N L N
A E F F E C T V O E D N Q M A C E T
A L I M I T S W A N H L M I C U R K
E X P E C T E D M C R Y O N Y A L N
L I W L J M W A R E M A S T E R P N
O U T S I D E R G S S L T Q D V J M
L X Z Y N R Y K F K K J D H A B E C
X M A K S Y S P Y Q U A L I T I E S

OUTSIDER, APPEARENCES, PRIVACY, FOLLOWING,
JOB, STYLE, PROPER, CUES, SUDDENLY, MASTER,
BUSINESS, METHOD, LIMITS, LIMELIGHT,
INTERVIEW, QUALITIES, EFFECT, BETTER, MASK,
EXPECTED, TATTOOS

Q F P N E K P D I F F I C U L T I E S
P A R A M E T E R S Y E Q G Z E O G J
Y S U B T L Y V Q J R V D A R O G I S
Y J B C W T R E T U R N N D D I Y T
M K Z M Y S T E R Y T D S F O O G B R
S W G O G Y Q D D G A P P E R A N C E
N X X Z M U Z R I D Z J A M O M E N T
E W J U D G E A S E I N D X X M Q J Z
U X C T V U B M P M B A J Q R N R X R
T T E C F F S A L O A Z U J E O N B P
R M R S I G H T A T J J S U S N Z Y Q
A D T C N L Z I Y I I J T D I V C I L
L M A K W A H C I O G O E G S E G B L
I H I M O D V O N N K B H E T R L L U
N L N G C A R B G S Y X Z M A B E I Y
S F Q C A R E F U L J K C E N A Q S O
B F S I A I R H K T C Z R N C L C Y D
G R O U P W X T X Z Z B D T E Y S C C
E N A T U R A L N V K Z H S V R K C B

DISPLAYING, CERTAIN, JUDGEMENTS, SIGHT,
GROUP, PARAMETERS, NATURAL, APPERANCE,
RESISTANCE, DRAMATIC, ADJUST, MYSTERY,
MOMENT, NEUTRAL, SUBTLY, EMOTIONS,
CAREFUL, JUDGE, RETURN, NONVERBAL,
DIFFICULTIES

A T C M U M S Z B A O T H E R Z B X
B R P D X V R M I V T S E V I H L N
O C I F K R N G A W Q B P T S C C M
V P R O G R E S S I V E E G I B U N
E M X I C O N S I D E R R A E Z X R
H O N E S T X H K R F H S M O P T S
K H P M H Q H W Y N D U O E D N L V
I F R I V A L L H T Y M N E I N C R
W U T E S S E N C E B I A A F Q Z E
O U V G H S D L J T S L L L F P K P
S J P P B Z V H M E K I I A E U W R
G C F U J B A F N S K T T Q R R N O
Y Y C B R H L O W E R Y Y M E P E A
Q U X L D E U A N C I E N T N O Y C
D W A I X B E P U B L I C F C S K H
W X Z C T O L E R A N T F D E E X N
C C P M A S K B X F I R J H N D R M
L U X U R I O U S L X E F B I L K G

VALUE, PERSONALITY, MASK, CONSIDER,
ANCIENT, PUBLIC, REPROACH, PURPOSE,
ESSENCE, ABOVE, LUXURIOUS, TOLERANT, GAME,
HUMILITY, RIVAL, PROGRESSIVE, OTHER, PUBLIC,
HONEST, LOWER, DIFFERENCE

O Z V H V B E U J S J C J V B O
B S O A T Q Y I S S U E A L M V
V D E S T I N I T Y V Y N O X M
D Y T E A U I U R T G E X A G D
F L H F D X N I O P O S I T V E
Q I U F I M V R C K D X O P Q B
T Y M E S I I E D F T W U A J M
R T B C P S S P U R E R S T N E
U R G T L S I E V E U Y X I Z S
T A A V A I B A C E N I H E C M
H V Q E Y N L T H D I M E N E E
F E D E E G E X O O Q A T C D R
U L W O D N K P S M U G J E E I
L I P P L O O K S O E E Q N E Z
L N X D V P D Z E W M V U D P E
F G P A T T E R N S A T I W G M

DEEP, CHOSSE, DESTINITY, INVISIBLE,
DISPLAYED, UNIQUE, MESMERIZE, MISSING,
IMAGE, REPEAT, POSITVE, ANXIOUS, PATIENCE,
EFFECT, PATTERNS, ISSUE, TRAVELING, THUMB,
FREEDOM, LOOK, TRUTHFULL

```
J A I M F A T H E R W F W X L X R N P
N M F A S C I N A T E D O S M G H L I
J E C W Y H I L A R I O U S X M G D Q
P R A T I N Q U I S I T I V E P B V K
V E S H Y V D S M D R U N K J K X X X
D T I D K G Z D A F D I S C R E E T C
G O D L Y O F Q L N D N V J K S V I Z
D S G R S O O N E E R N V Y G B I N G
J F R D H G R A N D I O S E Z X L S P
K W A B Q T A B F Z W C L Y I N G I O
M B N U I R T N L V D E M Y E A K D W
M L D S D A F W J H B N N V X B S I E
A V P I I V S E N S I T I V E W T O R
T R A N O E N R U C T I S S C C R U F
U Z R E T L Z N Y C A G E Y H L A S U
R H E S I I P A L E S Q U H U O N B L
E U N S C N K Q Y W A Z V Z B U G S Z
W O T N B G O L O G D J F M B D E G K
L S S C E L A S T I C J R F Y Y W S P
```

FASCINATED, GODLY, INNOCENT, SAD, SOON,
GRANDPARENTS, GRANDIOSE, DRUNK, MATURE,
POWERFUL, INSIDIOUS, BUSINESS, MERE,
CLOUDY, TRAVELING, CAGEY, CHUBBY,
SENSITIVE, LYING, ELASTIC, FATHER, DISCREET,
STRANGE, IDIOTIC, INQUISITIVE, PALE,
HILARIOUS, MALE

R M I X J X K B N X G E U Q F I L M V E
J F P A I N D I V I D U A L I S T Q F F
A U C V M R K T K H Z S P E E D E R S C
G T D E P A R T M E N T O W H O P Y L X
N V C F E L M E P L A N E Q L D A C H R
P A C O U W Q R I Q C F J T M O R J Z B
Q Z W O O B O R P E K W U T M Q T M C K
V Q A T H D Y R C J R A D Q I C M S O Q
A J V B K Y L N O X M R E S N R I T M Q
C Q Z A U W X Y L E I E P F T E Y O P D
C T T L H G Z O F F I C A L H W M R A V
A B D L D Z S Z E I Q Z R I E M C Y N Y
Q S I J M Q I L U R A P T W C E Y Z Y F
K W V D H U N D R E D L M V A M Q Q W F
I J C O W M I W B T T G E K Y B E G C S
Y A E H T D O Y X T S X N S Q E J O B K
B P Y H E L L S C R G Q T D U R W P Q B
O N P R E M I E R E D L X Z X S A R C P
A L C Q D E V E R Y T H I N G V L O P S
T D A S H I N G W X F P P U N S R B X V

PART, EVERYTHING, BOAT, FOOTBALL, FILM, JOB,
HELL, DEPARTMENT, SPEED, DEPARTMENT,
OFFICAL, HUNDRED, STORY, COMPANY, BITTER,
CREWMEMBER, PREMIERED, PLANE, MINTH,
DASHING, INDIVIDUALIST

F I X V N I O X M R C O U N T I N G Q
A G N H E L I C O P T E R F O H C A W
S Z V Q K L P G S O V U B W R Q M O Z
U O M M B Z J D B N S U P E G L E V N
K Z O Y Z W A W A R D U A F A S R O B
A D D I T I O N A L C T N R N U H A I
R I Y A R E T W O Y N D I W I V N F T
A S T R O N O M I C A L C T Z J U R G
P V X C I U A E P L U A C Q E G X A M
R S J M X R R C O F S K L I N E X I R
O I O I E K M O T I Y H A P P E N D O
D U Z L A X Y M E S B R V E F J A V L
U S R I L S P M N O U E D G K Z I W I
C P M T I T O E T L R X U J L Y R C W
T F V A E I G R I A L G R E E R N H S
I W G R R G U C A T Q T I M E G Y U D
O Y I Y Z H Y I L I R U N D E R B I D
N L Q S Y T F A R O U T E S Z Z D E K
S I X G Q N L L E N X Q B H F B K E A

ASTRONOMICAL, LINE, HAPPEN, PRODUCTION,
MILITARY, PANIC, ROUTE, EALIER, ISOLATION,
COUNTING, UNDERBID, AFRAID, HELICOPTER,
TIGHT, ORGANIZE, AWARD, ARMY, TIME,
COMMERCIAL, ADDITIONAL, POTENTIAL

C V I S I B L E P S E R A S L S H
C T H F V U A A B O V E X O F N O
P V C J T R A I T Q A W B A P T N
L R U N M R F F I D U H G P O A E
C O M P U L S I O N E W F P P Q S
Q C L E T F R E F L E C T E E U T
V J G L C P E S G H C S A A R B I
K P N N D P P R E S E N T R A C I
L A Y E R A U E G F T B I E T O P
B T O S J D T R M F U X O N I N C
I T L I K D A K B N P K Z C N T W
N E U N E I T I Q C D Z T E G R S
F R C C C I P O S S E S S I O N
A N K E S T O D I S C O V E R L P
N S O R M S N B I R E A L I Z E K
T Q X E I J A V P C Z N R R C B Q
S X F T D E V E L O P K S Z W X T

OPERATING, DEVELOP, HONEST, PRESENT, LAYER,
ABOVE, VISIBLE, COMPULSION, REPUTATION,
POSSESSION, APPEARENCE, REFLECT, PATTERN,
SINCERE, CONTROL, ADDICTS, REALIZE, TRAIT,
DISCOVER, INFANTS, LUCK

C U P T X S U R R O U N D S G J V
K U W N Z I G B E P S E K Y M T J
T C T O X I C E L X U S U T S F S
L I B E R A L H I D C D D N T K L
P R E S E N T A G V C Y E E R Y M
O F T E N L N V I C E O S F E J S
E H W T V E Q I O K S W P A S S S
W P S A Z B J O N P S Z I C S S K
T O L O V E K U R O F U T A U S V
U S V N X U R R O S U E E D F E H
S S M U Z E M I T I L M J E J E H
A I U F X V X P N T O C C U P Y G
N B P Y Z T I N D I V I D U A L P
H L X G W P U Y B O G O O D C J Y
D E W D D Z B I U N I W Y A R C D
Y F I N A L L Y Q F A S G F K I K
I D P O L I T I C A L N P C P A Y

BEHAVIOUR, POSITION, SUCCESSFUL, EMIT,
FINALLY, STRESS, TOXIC, PRESENT, OCCUPY,
POSSIBLE, INDIVIDUAL, SURROUND, RELIGION,
POLITICAL, FACADE, LOVE, DESPITE, OFTEN,
SEE, LIBERAL, GOOD

Y V M I S D I Y U V U H P N A F R C P
R L R Q A E A D A B Z J Q O Z E U A S
M B B K T G E Y I M R Y E T J U Z T C
P J R C S N F O U R Z U N I P D E S H
T P D C O U N H A E C O J C A D A S V
L T A G M F O J N W S D O E R C T I P
F O D P E W P G A R S X Y A T V T N N
P B O S O P E O P L E I M B N A A S O
E N M X N S E A R C H C E L E N C E S
R I I X E R G O V E R N N E R A H C P
H O N C T K I S S U D W T G B L M U O
A C A E A R L Y I R P O I V S Y E R U
P U T Q Z G A C T M F R A H P S N I S
S J E K J L M H U C V K Y I Y I T T E
L J G Q D X E A A H D R O L E S H I L
Q H E V M A A N T O S W B M T F B E W
Q R B N I M L G I I M F A A E Y Q S G
J W K B Q N D E O C P R K X J D T Q G
O T H E R E Q O N E C U Z J H B F O O

ATTACHMENT, ANALYSIS, SPOUSE, SOMEONE,
WORK, GOVERN, PARTNER, INSECURITIES, ROLE,
CHOICE, ENJOYMENT, OTHER, NOTICEABLE,
EARLY, MEAL, PERHAPS, PEOPLE, DOMINATE,
SITUATION, SEARCH, CHANGE

R Y A A N T I S O C I A L O T G S

E U E Q K R O T G K X M L S H F T

A N Y N B D X U P K C C Y V I N A

S D F A C T O R E D P E Y F N N T

S E F K T N R I S B K G M X K Z I

E R V W T D I F S I S E C R E T S

S S U E Q Y I M I X T U R E L W T

S T V D H H U M M C W P P I T N I

P A R E N T T A I E H F Q C K S C

I N D C O R E K S A C R R C V R S

N D W Y L T S E T T A I M F A R T

F X S G X E Z O C I F E E L I N G

W E E H A E C T H V V N N L O S T

S F C A P A R T F E D D T N B T X

W E U E L N E A O O P P O S E P Y

L I R M I S T R U S T Q R V V B W

C E E X R M U F G E N E T I C S O

THINK, MAKE, PESSIMISTC, MIXTURE, PARENT,
UNDERSTAND, PART, SECURE, FEELING, MENTOR,
FACTOR, GENETICS, SECRET, FRIEND, OPPOSE,
REASSESS, CEATIVE, STATISTICS, LOST,
ANTISOCIAL, MISTRUST

X L S L S H J R C H W Z B O Q S Q

G J W B G E P R B W O B Z F I W P

I N V E S T M E N T V C R T W P I

T Z E P V B L E M B E D D E D J Q

R Q O X V A M O M E N T B N T R J

S P E P E R P E C T I V E Z S A W

R E L E V A T E G S P U P B U D W

E I M P R E S S I O N B L W I D G

P M R A W W T V D M G N A B R I K

O Y I B A J I T Q E A D R D U C M

R Q S O R T H E H T L U G K J T F

T S K U F I R L E H W R E P N I Z

O I Y T A C J L A I A I R V W O T

Y G O P R K E F R N Y N R Q K N V

R N L C E E A P U G S G G A W O E

U U I V T R W C S C I N S T E A D

N D J A N L Y Q O P P P L A Z H O

MOMENT, ABOUT, EMBEDDED, ADDICTION,
PERPECTIVE, SOMETHING, REPORT, INSTEAD,
WARFARE, HEAR, ELEVATE, IMPRESSION, LARGE,
RISK, SIGN, TICKER, OFTEN, ALWAYS,
INVESTMENT, TELL, DURING

D I D U C Y K F D O W N W A R D U L Y
R N S L W H R R P N O E X A T I T O R
M I Z S L R I A A H M W E W P K H N T
G N A J L C Q M C E W V S O J I Y G W
Q F W O A Q G E T K Y S Z P R E F E R
C M O V E F H T I E D A Z B W U Q E S
F I C U O X F Z O Y G W C S O X B J T
T N Q U S O Y T N P B C U O R D A O B
X D U F N M L N I L J P C L D A P G C
Q D V U M A F U E J S O Y U U W W O W
R M Z A A R G M U Z O S B T A G I V H
G A M E N T X L A Q N S A I R O O B P
P N I P N I J F Z Z W I C O Q P R O R
R C A X E A V I E W U B K N Q X E N O
E G O M R L U T Z X K L K X B S W Y V
G C O N S E Q U E N C E S P X T A M E
O F I R W N I O G A M E N Y N M R G V
V G O G C H P O T E N T I A L B D V Z
J A D Q B M Y O Q H V C G X P Q Z Q J

PREFER, MARTIAL, MOVE, FRAME, WORD, EGO,
POSSIBLE, BACK, GAME, MIND, PROVE,
POTENTIAL, LONG, SOLUTION, CONSEQUENCES,
GAME, ACTION, MANNER, VIEW, DOWNWARD,
REWARD

A W O B T S G Y R S W W H C R Z M G R
H O W H J B Z A I W E A P W S Q A U E
J R Z W B R E T U R N I G C Y F O X S
A L S M E V Q C P Z Q T D O F E I G I
U D X O Y T H Y F Y C I S N D V L N D
B J D T O E T J B L I N D V B X L P E
U C T I N B A T T L E G D I I E U E N
B V F V D Z M K Z F U J R N N X S R T
Z Y U A D J Y H L T O W Z C S D I M T
V U P T I J S I M P L E F E U G O U Y
P Z Z I D W T P M Z Y U R F C N N T H
A X Z O M F T K P C E F F E C T C A L
R K C N M O D E R N W D X Z E R I T K
T Y H Q U J L B O J P H R A S U I I U
W X A D H X Y O C S T O N I S H I O K
A Y I O T H E R E T H V L S V H W N R
Y D N Z J V J T S O I R W F K B G S V
E Y J P I H V E S C N M S J C V E J S
P A X N V T V P E K K B P J I V Y Y P

EFFECT, STOCK, BATTLE, OTHER, WORLD,
RESIDENT, CHAIN, BEYOND, SIMPLE, MODERN,
CONVINCE, PARTWAY, ILLUSION, SUCCESS,
MOTIVATION, PERMUTATIONS, THINK, PROCESS,
WAITING, RETURN, BLIND

Z O R V K T J R Q R U L E R T R
F P U B L I C U A T C Z N C K U
R Q W A U I K Q O A T T A C K R
H C Y T D E P R E S S E D B E N
Z V L A M O U N T N M U P Y Q E
Z F F E T W Z F L O C A L D N P
E S T A B L I S H G E K P E R R
I N C L U D E A A E Z E L F X O
Z F B R E E D F N D G A E L G
G X J S P A F U Q S S B N A L R
O D C O A H L R D U X L X T A A
O B Q U R E U T T R Z E A Y X M
D F M R T J L H D E C I M A T E
J E W C N Q B E V S Y H C Q S A
Y S A E E W X R X U V D C Z T X
K N R B R S O U D R A M A T I C

RULER, ESTABLISH, FURTHER, PROGRAM, BREED,
PARTNER, ATTACK, ENSURE, PUBLIC, INCLUDE,
AMOUNT, DECIMATE, LOCAL, PLAN, DEFEAT,
DEPRESSED, SOURCE, DRAMATIC, GOOD, WAR

C T A L K Q C Z T Z H M R P Q O I T
B A Q X T R O F A M I L Y L V U S F
D S B H I W G V J A S S O C I A T E
J V B O M V E X P A N D U E F V C Q
I J U P E N T W R L P C A P O P I X
W P I E E X G Y S I C T V G O A L M
A L W K L U A Z S A E D R U G C S O
T E I O A A V X R E A C T T D B A N
W A G I M A G I N J Y O P F J F S A
N S H W P I G O F D C G S O J D S R
B U O Z A D J V A L W T N L G P A C
N R L M D W F E B Q E I Z L P D S H
Q E Y A G H R R O D V Y N O D P S Y
F F R E K H A C J B E I N W N B I P
X Y U X A D M O O O N V R S I G N D
H E X C I T E M E N T V A G O G A T
G L A C K O F E S N U O O G B B T C
K H G B E C O M E Y P M A Z E H E I

TALK, EVENT, EXPAND, IMAGIN, HOPE, SIGN, FAMILY, MONARCHY, GOAL, GBECOME, FOLLOW, FRAME, REACT, OVERCOME, ASSASSINATE, ASSOCIATE, EXCITEMENT, LACK, PLEASURE, TIME, DRUG

F D U S X X C P K O A G O W P F B P
Q Q E U W E D A T D B H R X M R T R
L G X P H R P T C E E I R I A Y E E
H M S E I W H T H S U L L L Y H G S
C T G R Z E I E K E P A F E H E N E
K H O I E N S N U R I T D V M A A N
T I B O H G T T H V P E U O F R G T
Z N E R S A O I I E R T R L M T A V
B K B K Q G R O O P E R N U O Y I L
E I B C G E Y N X S D M U T R H N R
H N A P Y R Y I P R I G V I S P S V
A G B F F S W A R M C L Z O N U T S
V M S P A I N S R T T K C N B V L N
I M T U C D E S T R U C T I V E O J
O E R W T N Z X O G P F Q J X X A T
R Z A S T M J A J N F P E O P L E K
U K C R E Q D A N G E R J Q J R O U
M F T N V E C G J C O M P L E X R V

BEHAVIOR, SUPERIOR, FACT, LATE, PRESENT,
DESERVE, DESTRUCTIVE, ABSTRACT, HEART,
PEOPLE, THINKING, EVOLUTION, AGAINST,
ENGAGE, PAIN, DANGER, HISTORY, PREDICT,
ATTENTION, COMPLEX, WARM

S B Z X P I M P A C T L M P M O Q F
U H S E N Z S L R B U X V R O B S M
C M O M E N T S E Y I D Z O R I F W
C G V Z J Y P G A D F A Y B E K N A
O Y J O P U R N L M O N C L B D J C
N X P A Y L O O I T C G M E V N S C
S L A R G E B T S S U E B M P K V O
I P F W L L L I T F S R G H Q U N R
D I A J N O E C I I P R O C E S S D
E W S X T O M E C Y D D E X K Q C I
R V I Q N K P R I O R I T Y E J A N
K M T E E O A N T S R U F G F O D G
J K U J D F X M A N U F A C T U R E
E S A O T I M E B J X N J O D V T K
P W T C K S I T U A T I O N U W Z A
I N I V H A R M I O Q D J L E E L D
D N O E X P L A N A T I O N F N N M
J H N D I L K E T E A Q B C D I Z T

TIME, MOMENT, MANUFACTURE, LARGE,
PROCESS, ACCORDING, PRIORITY, DANGER,
CONSIDER, REALISTIC, HARM, FOCUS, IMPACT,
NOTICE, PROBLEM, PROBLEM, SITUATION,
EXPLANATION, SITUATION, MORE, LOOK

W A I T I N G K D B Z O Y Z Y K Y F
M H C O M M O N H F V U H F X V B N
A I A I V O P P A A R T S E C O N D
J G L D C T F O N S A R O M A T I C
C H C I L H V W D C F A Q H M E R E
P F U O U A S E S I W G Z D R U N K
H A L T I N G R O N X E F Z T E M D
F L A I D K W F M A E O S C A R E D
G U T C A F J U E T C U L C A G E Y
U T I H B U O L L E D S L Y I N G D
L I N K E L T F Y D A A S F A I B I
L N G H I L A R I O U S T O E X T S
I T Y D I F F E R E N T R M Q V I C
B M F D A D H E S I V E A A P T Z R
L D I S G U S T E D A X N L D A R E
E R U R L B U T P A L E G E R D P E
N E B U L O U S L L U J E S Y Z Z T
I Z K S A D E K N K N C L O F G B P

HANDSOMELY, OUTRAGEOUS, HIGHFALUTIN,
DRUNK, HALTING, WAITING, AROMATIC, GULLIBLE,
MALE, DIFFERENT, STRANGE, DRY, PALE, LYING,
ADHESIVE, DISCREET, THANKFUL, SAD,
POWERFUL, IDIOTIC, DISGUSTED, COMMON,
SCARED, HILARIOUS, NEBULOUS, CALCULATING,
CAGEY, FASCINATED, SECOND, MERE

```
X Y P M D D I S C R E E T D D E U P
A W F E R G Z H G H G Q B X X H I T
D F A R Y O C O Q I E P Z S S Y Y U
H H V E I W H S U D N G W E P I S Q
E N N V I Q U A B E E L A C I B T E
S H Z X Z T B D S O R Y I O N Y R T
I N P A J O B M Y U A I T N Q I A H
V G O D L Y Y N F S L N I D U L N R
E Q D I F F E R E N T G N B I C G D
D H I G H F A L U T I N G I S W E I
S U H A H T U W P H I L A R I O U S
A S P I R I N G O V E B Y P T X D G
N E M W H S C Y W E L A S T I C Q U
P P A I K Z D K E O V K J C V F U S
O A T Y D Q F F R T S G K M E I K T
Q L U T G B J T F A A X N Y B R N E
W E R R A A L G U C O M M O N S E D
J K E Q D D I I L C L O U D Y T K N
```

HILARIOUS, DISGUSTED, POWERFUL, FIRST,
STRANGE, SAD, DRY, GENERAL, LYING, ADHESIVE,
MATURE, WAITING, GODLY, HIGHFALUTIN,
DISCREET, CHUBBY, COMMON, DIFFERENT,
SECOND, MERE, ELASTIC, HIDEOUS, INQUISITIVE,
ASPIRING, BAD, CLOUDY, PALE

H Z N E H V O H V C E X F P A L E C
I N N O C E N T J A S Y S D W I D S
G O Z I H D B K J G R A N D I O S E
H P C N I I S A D E S E V A L F F I
F P S S D F D C H Y C H U B B Y A G
A O G I E F I M N L V F I R S T S T
L B R D O E S A S C A R E D K N C Z
U L O I U R C L W A I T I N G S I I
T N O O S E R E N E B U L O U S N F
I N V U F N E I D I O T I C Q S A H
N C Y S I T E H A A L Y I N G T T D
E A R O M A T I C D G A H B N R E A
Y E Q A H I L A R I O U S B C A D M
C A L C U L A T I N G Z A Z L N C A
L A V A I L A B L E Y A C A O G X T
U A H L Q D I S G U S T E D U E Q U
W D Z Y E L A S T I C F G A D F V R
V O K O P H S M N K P Q M T Y Z P E

GRANDIOSE, DISCREET, FASCINATED, AROMATIC,
CLOUDY, SCARED, MALE, IDIOTIC, STRANGE, SAD,
CALCULATING, GROOVY, FIRST, HIGHFALUTIN,
CAGEY, ELASTIC, INNOCENT, DISGUSTED,
MATURE, PALE, HILARIOUS, CHUBBY, WAITING,
AVAILABLE, LYING, INSIDIOUS, HIDEOUS,
NEBULOUS, DIFFERENT

Solutions

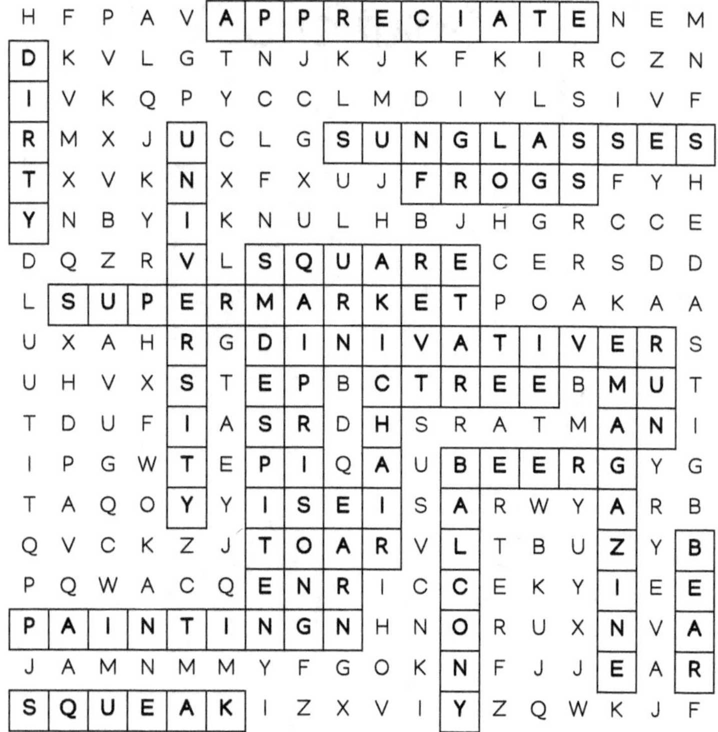

SQUARE, PRISON, EARN, CHAIR, MAGAZINE, BEAR,
DIRTY, BEER, BALCONY, RUN, SQUEAK,
SUPERMARKET, APPRECIATE, UNIVERSITY,
PAINTING, TREE, DESPITE, SUNGLASSES, FROGS,
INIVATIVE

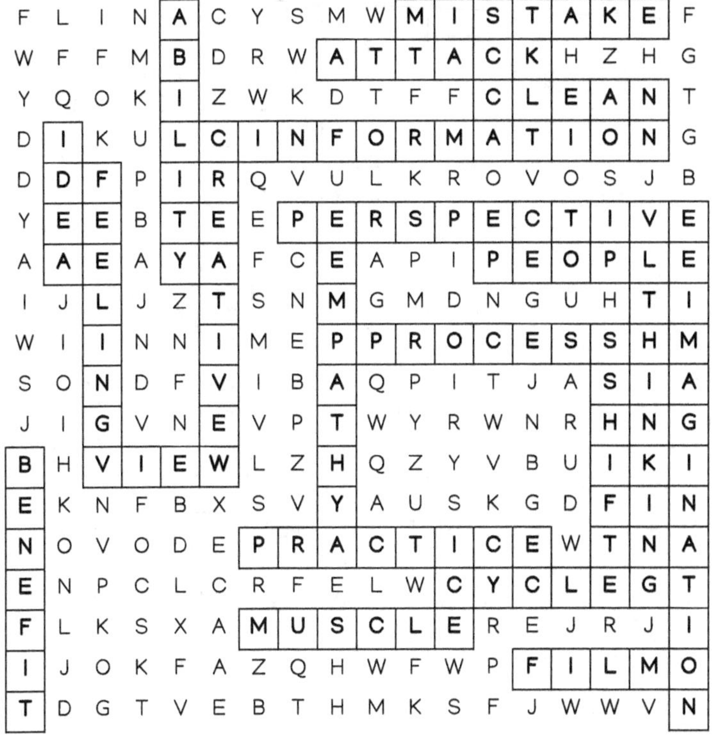

PEOPLE, VIEW, MISTAKE, FEELING, CREATIVE,
MUSCLE, ATTACK, IMAGINATION, SHIFT, IDEA,
PRACTICE, PERSPECTIVE, CYCLE, EMPATHY,
THINKING, ABILITY, BENEFIT, FILM, PROCESS,
CLEAN, INFORMATION

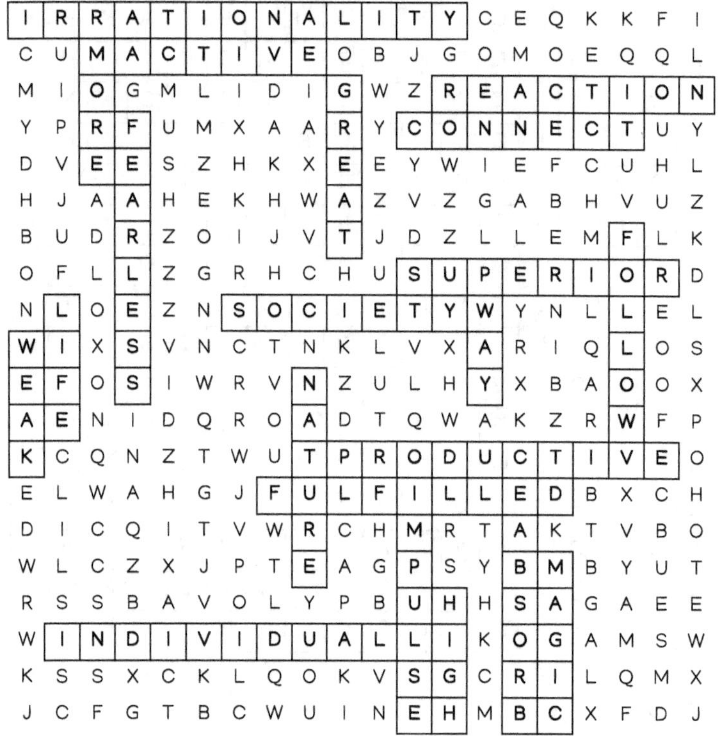

PRODUCTIVE, IRRATIONALITY, REACTION, WAY,
INDIVIDUAL, LIFE, FOLLOW, SOCIETY, WEAK,
ACTIVE, SUPERIOR, IMPULSE, MAGIC, NATURE,
HIGH, FEARLESS, FULFILLED, CONNECT, GREAT,
ABSORB, MORE

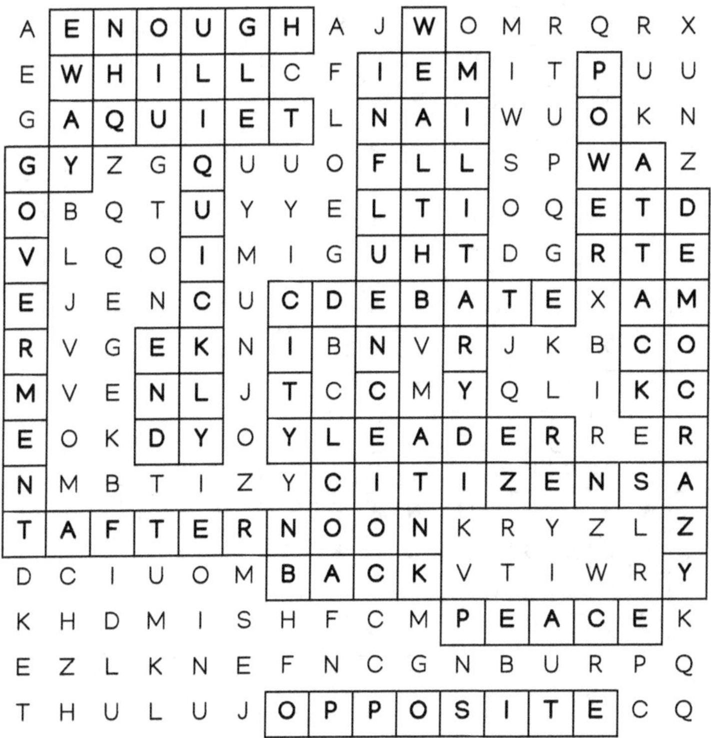

ATTACK, END, DEBATE, LEADER, GOVERMENT,
AFTERNOON, INFLUENCE, MILITARY, QUICKLY,
OPPOSITE, HILL, BACK, DEMOCRAZY, QUIET,
PEACE, CITIZENS, ENOUGH, POWER, WAY,
WEALTH, CITY

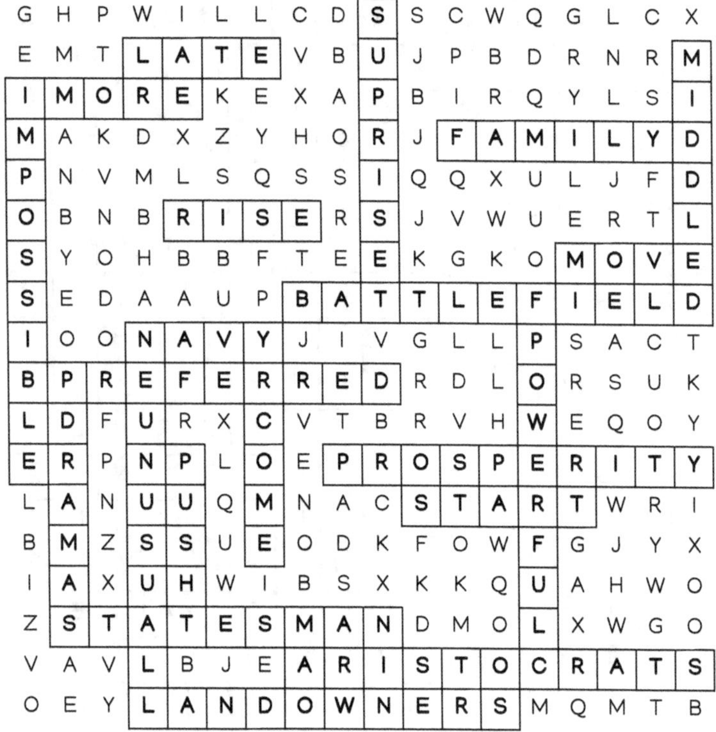

LATE, UNUSUAL, ARISTOCRATS, STATESMAN,
BATTLEFIELD, PROSPERITY, MIDDLE, RISE,
FAMILY, DRAMA, IMPOSSIBLE, NAVY, COME, MORE,
LANDOWNERS, PREFERRED, SUPRISE, POWERFUL,
MOVE, START, PUSH

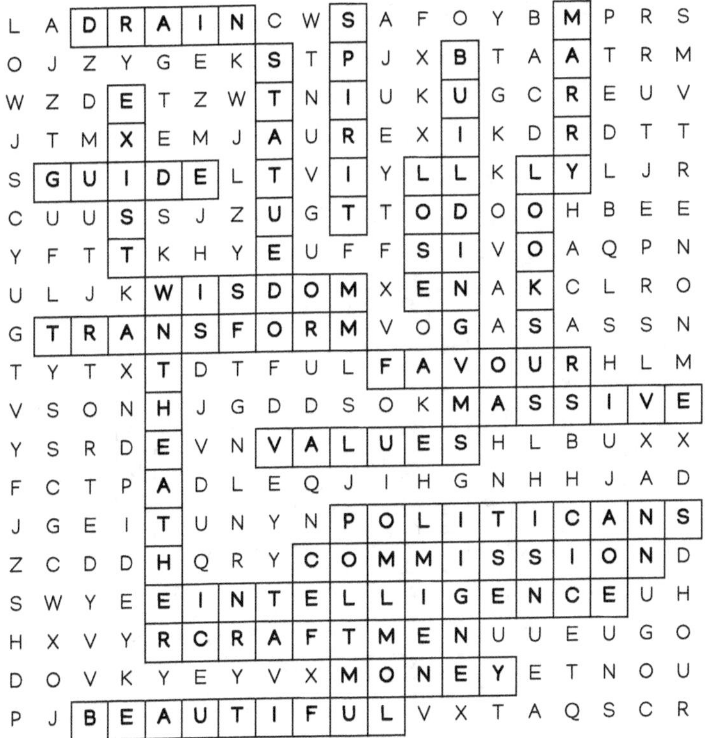

INTELLIGENCE, MARRY, MASSIVE, WISDOM,
BUILDING, VALUES, EXIST, LOOKS, STATUE,
MONEY, POLITICANS, SPIRIT, THEATHER, FAVOUR,
LOSE, CRAFTMEN, COMMISSION, DRAIN,
TRANSFORM, BEAUTIFUL, GUIDE

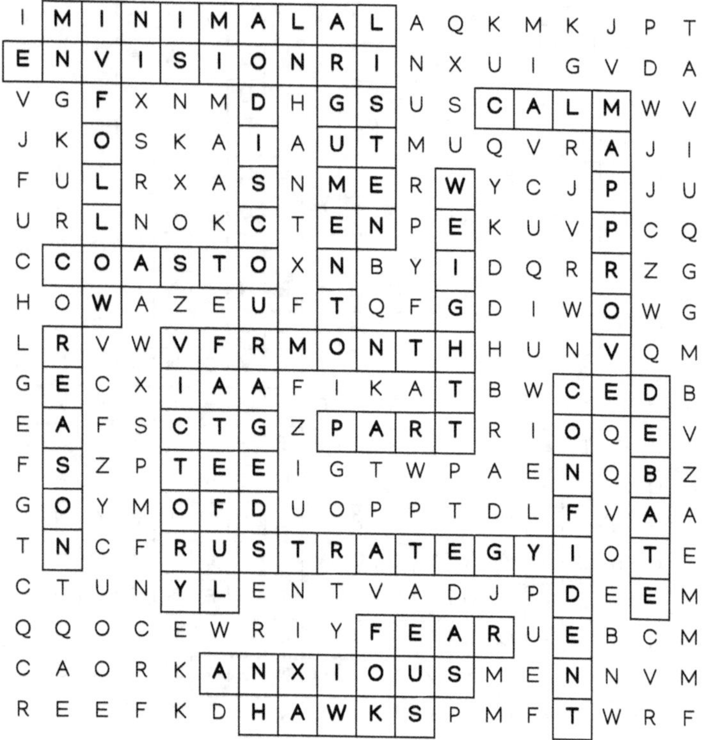

WEIGHT, COAST, LISTEN, MINIMAL, ANXIOUS,
FEAR, HAWKS, CONFIDENT, DEBATE, REASON,
FATEFUL, MONTH, VICTORY, ARGUMENT,
APPROVE, STRATEGY, DISCOURAGED, FOLLOW,
ENVISION, PART, CALM

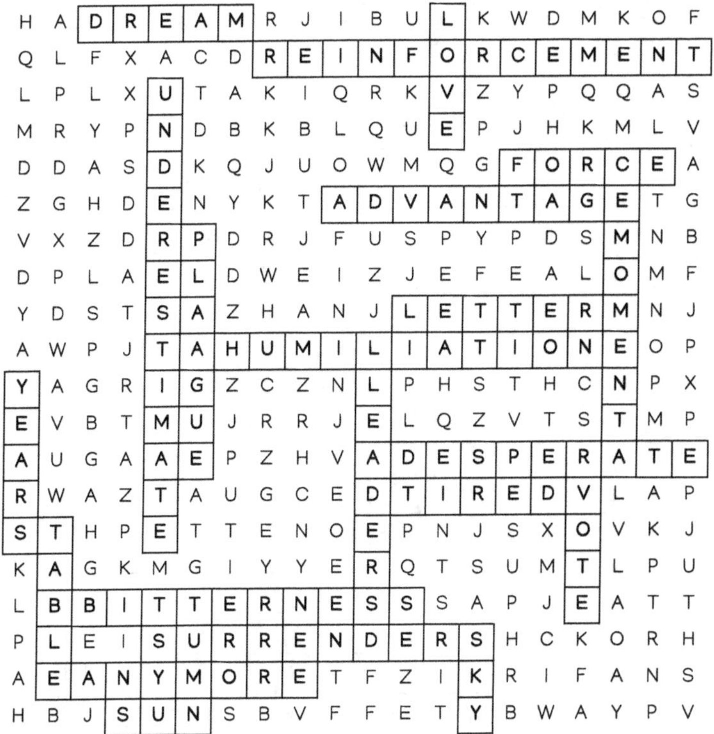

H	A	D	R	E	A	M	R	J	I	B	U	L	K	W	D	M	K	O	F
Q	L	F	X	A	C	D	R	E	I	N	F	O	R	C	E	M	E	N	T
L	P	L	X	U	T	A	K	I	Q	R	K	V	Z	Y	P	Q	Q	A	S
M	R	Y	P	N	D	B	K	B	L	Q	U	E	P	J	H	K	M	L	V
D	D	A	S	D	K	Q	J	U	O	W	M	Q	G	F	O	R	C	E	A
Z	G	H	D	E	N	Y	K	T	A	D	V	A	N	T	A	G	E	T	G
V	X	Z	D	R	P	D	R	J	F	U	S	P	Y	P	D	S	M	N	B
D	P	L	A	E	L	D	W	E	I	Z	J	E	F	E	A	L	O	M	F
Y	D	S	T	S	A	Z	H	A	N	J	L	E	T	T	E	R	M	N	J
A	W	P	J	T	A	H	U	M	I	L	I	A	T	I	O	N	E	O	P
Y	A	G	R	I	G	Z	C	Z	N	L	P	H	S	T	H	C	N	P	X
E	V	B	T	M	U	J	R	R	J	E	L	Q	Z	V	T	S	T	M	P
A	U	G	A	A	E	P	Z	H	V	A	D	E	S	P	E	R	A	T	E
R	W	A	Z	T	A	U	G	C	E	D	T	I	R	E	D	V	L	A	P
S	T	H	P	E	T	T	E	N	O	E	P	N	J	S	X	O	V	K	J
K	A	G	K	M	G	I	Y	Y	E	R	Q	T	S	U	M	T	L	P	U
L	B	B	I	T	T	E	R	N	E	S	S	S	A	P	J	E	A	T	T
P	L	E	I	S	U	R	R	E	N	D	E	R	S	H	C	K	O	R	H
A	E	A	N	Y	M	O	R	E	T	F	Z	I	K	R	I	F	A	N	S
H	B	J	S	U	N	S	B	V	F	F	E	T	Y	B	W	A	Y	P	V

YEARS, SKY, SURRENDER, LETTER, FORCE,
DREAM, BITTERNESS, DESPERATE, MOMENT,
TABLE, UNDERESTIMATE, PLAAGUE, ADVANTAGE,
ANYMORE, REINFORCEMENT, TIRED, HUMILIATION,
VOTE, LEADER, LOVE, SUN

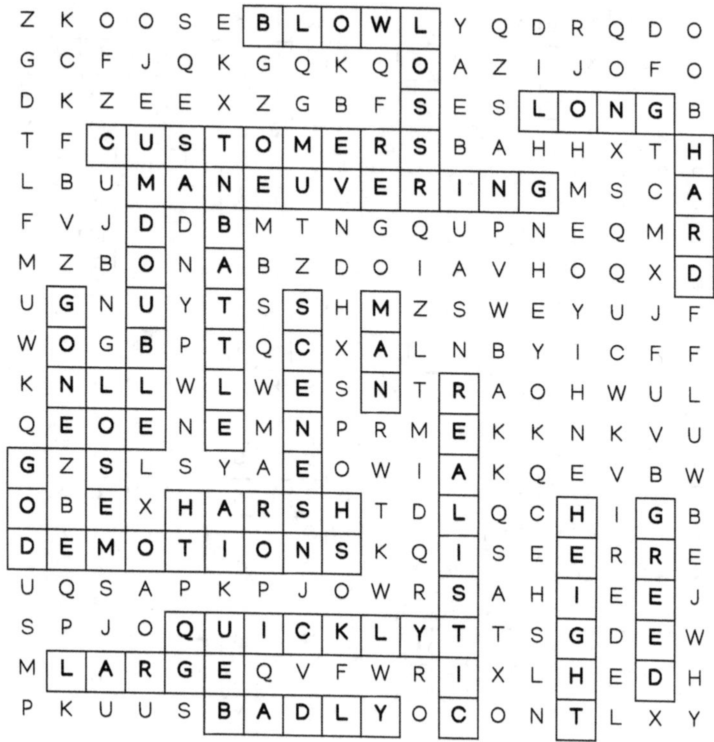

CUSTOMER, HEIGHT, LONG, SCENE, LOSS,
MANEUVERING, GOD, LOSE, BLOW, GONE,
DOUBLE, GREED, BATTLE, HARSH, EMOTIONS,
REALISTIC, BADLY, HARD, LARGE, MAN, QUICKLY

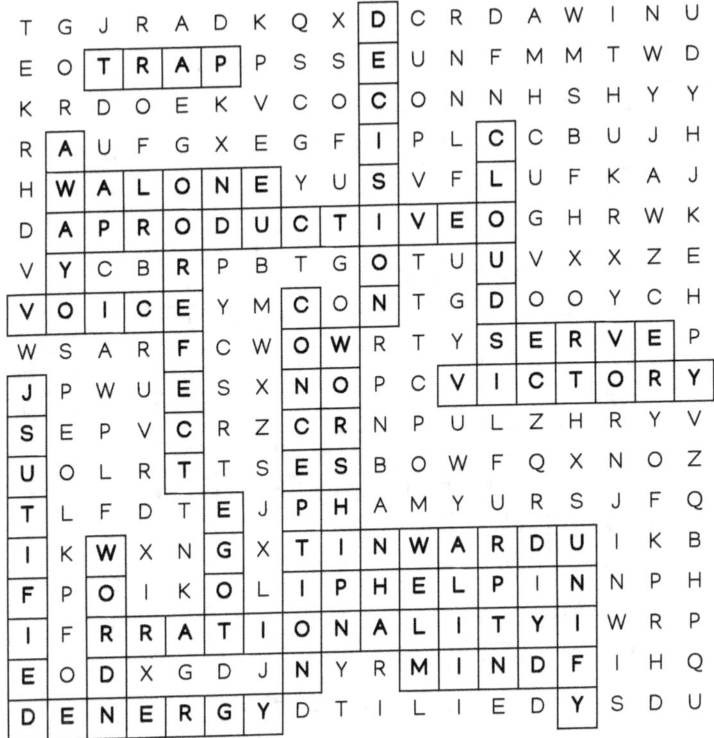

MIND, CLOUD, PRODUCTIVE, WORSHIP, EGO,
UNIFY, RATIONALITY, VOICE, HELP, ENERGY,
WORD, CONCEPTION, AWAY, VICTORY, SERVE,
DECISION, INWARD, JSUTIFIED, TRAP, ALONE,
REFECT

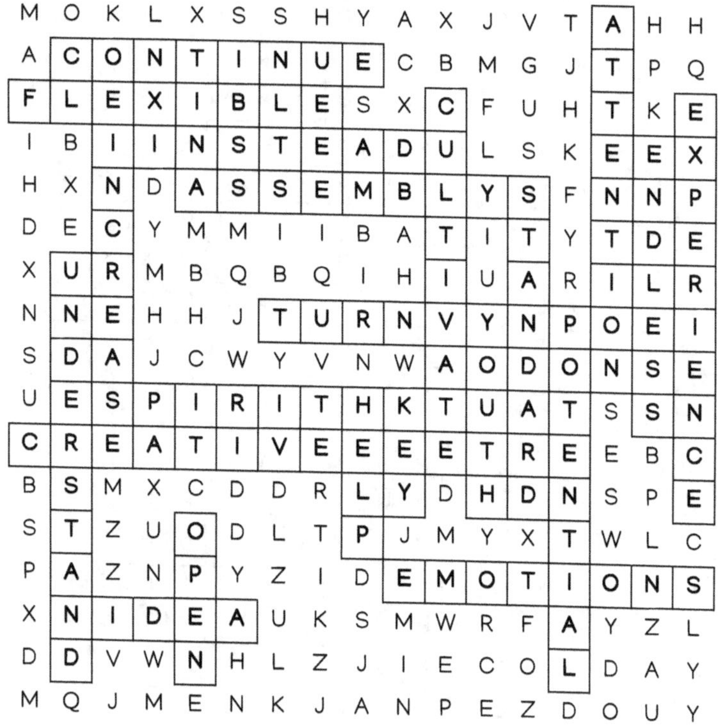

IDEA, INCREASE, TURN, EMOTIONS, ASSEMBLY,
CULTIVATE, CONTINUE, ATTENTION, YOUTH,
INSTEAD, CREATIVE, STANDARD, UNDERSTAND,
POTENTIAL, KEY, HELP, FLEXIBLE, EXPERIENCE,
SPIRIT, ENDLESS, OPEN

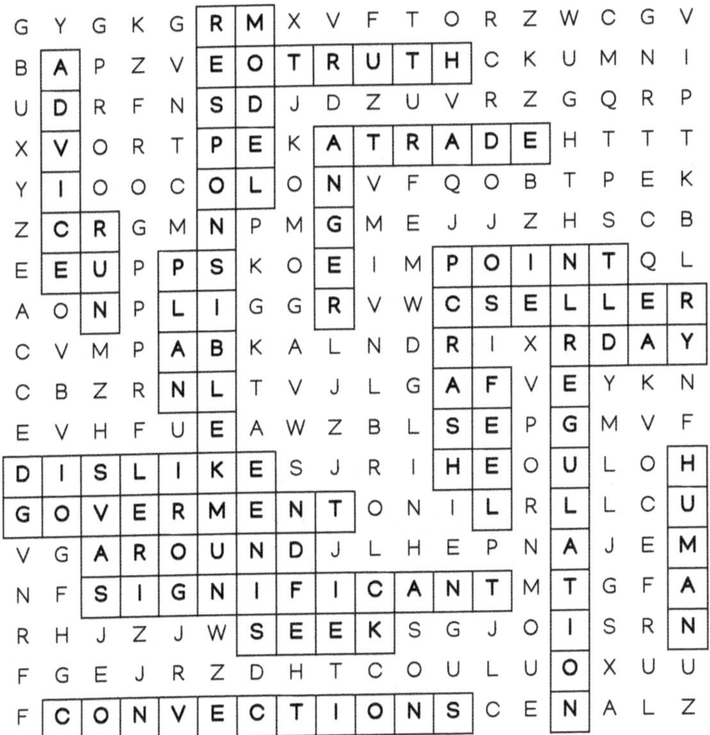

POINT, SIGNIFICANT, RESPONSIBLE, CRASH, PLAN, MODEL, FEEL, CONVECTIONS, SEEK, RUN, TRUTH, DISLIKE, AROUND, GOVERMENT, HUMAN, REGULATION, SELLER, DAY, ANGER, TRADE, ADVICE

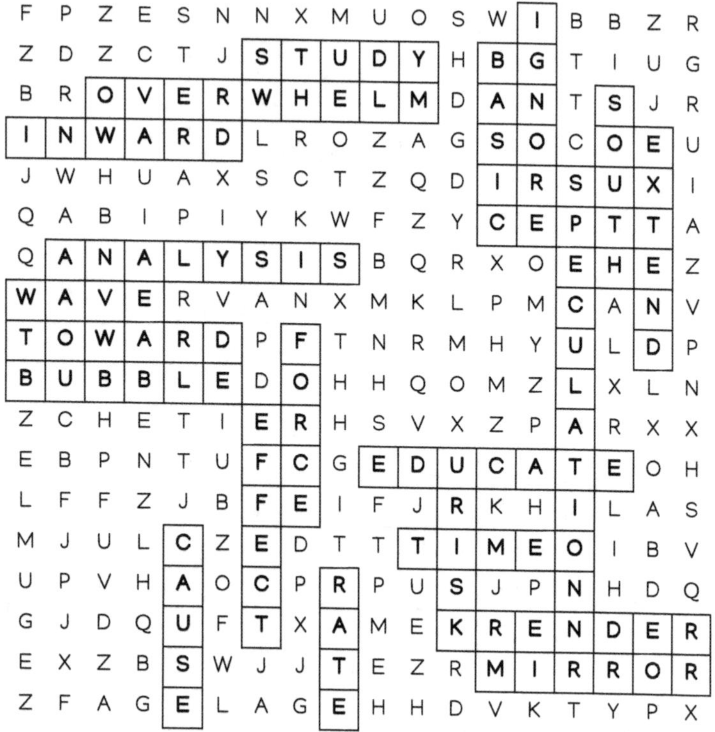

RISK, CAUSE, SPECULATION, RATE, MIRROR,
FORCE, BASIC, TOWARD, EXTEND, RENDER,
SOUTH, BUBBLE, EFFECT, EDUCATE, TIME,
INWARD, WAVE, OVERWHELM, ANALYSIS, IGNORE,
STUDY

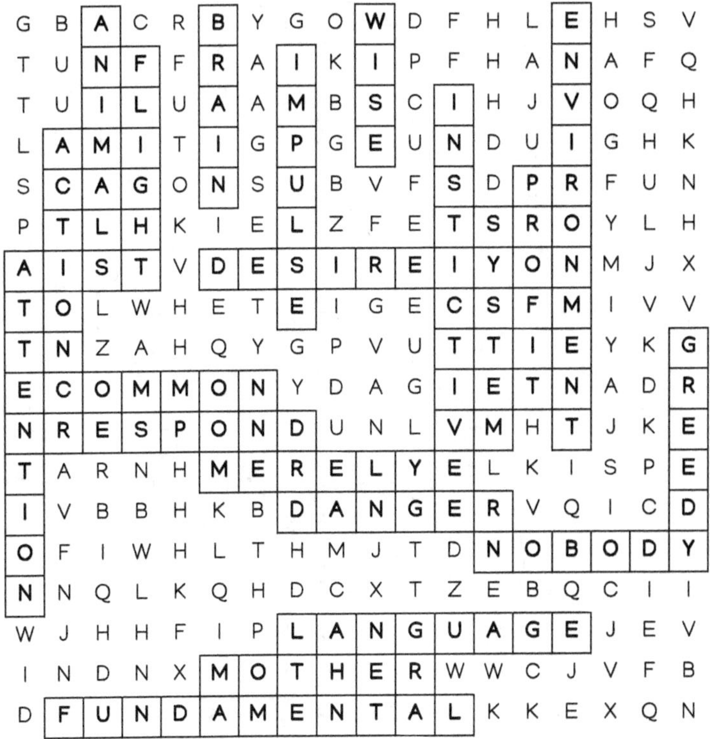

PROFIT, DANGER, INSTICTIVE, MOTHER, ACTION,
DESIRE, WISE, RESPOND, NOBODY, ATTENTION,
FUNDAMENTAL, GREED, IMPULSE, FLIGHT,
LANGUAGE, MERELY, ENVIRONMENT, BRAIN,
ANIMALS, COMMON, SYSTEM

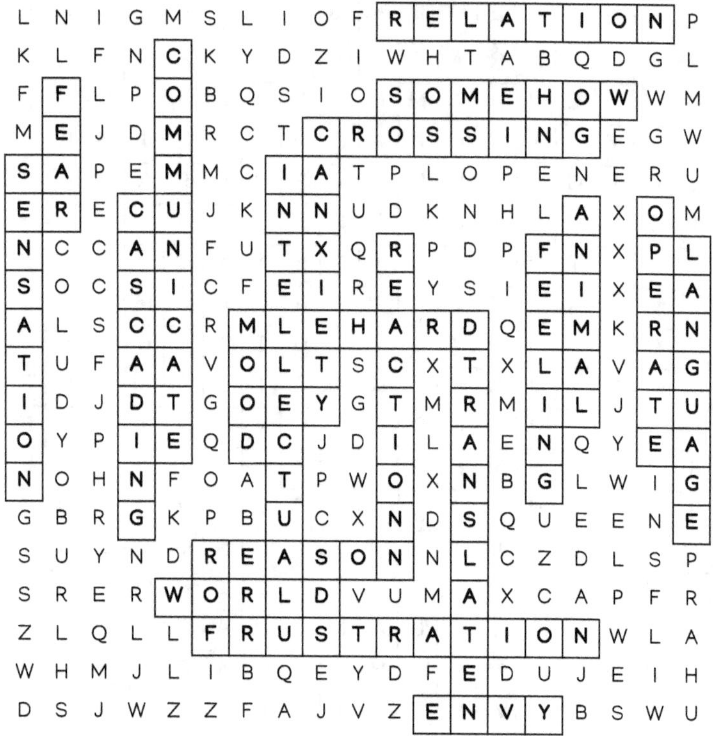

FRUSTRATION, OPERATE, ANIMAL, ANXIETY,
WORLD, ENVY, INTELLECTUAL, SENSATION,
SOMEHOW, REASON, CROSSING, COMMUNICATE,
FEELING, TRANSLATE, FEAR, HARD, RELATION,
CASCADING, LANGUAGE, MOOD, REACTION

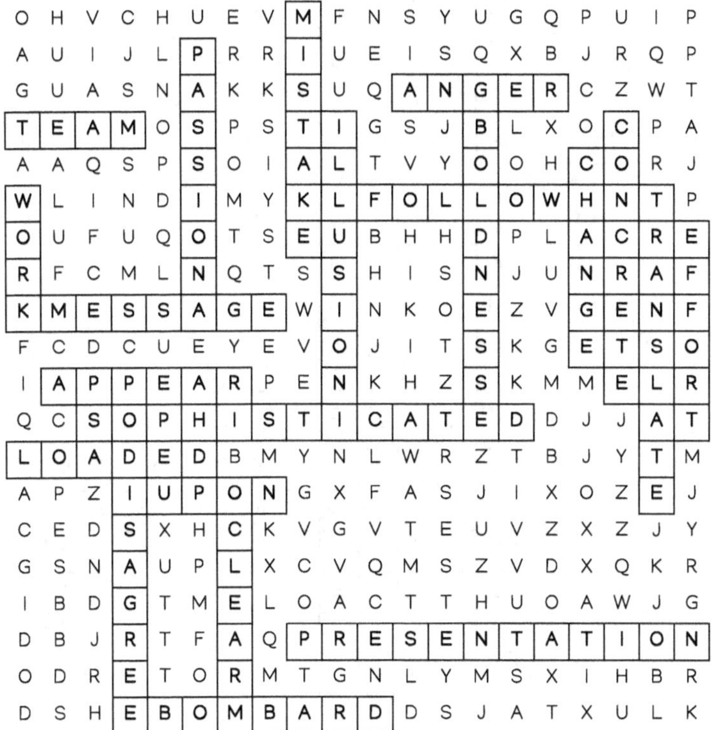

ILLUSION, ANGER, UPON, MESSAGE, CLEAR,
SOPHISTICATED, PRESENTATION, DISAGREE,
TRANSLATE, WORK, CHANGE, LOADED, MISTAKE,
TEAM, BOMBARD, BOLDNESS, APPEAR, FOLLOW,
CONCRETE, EFFORT, PASSION

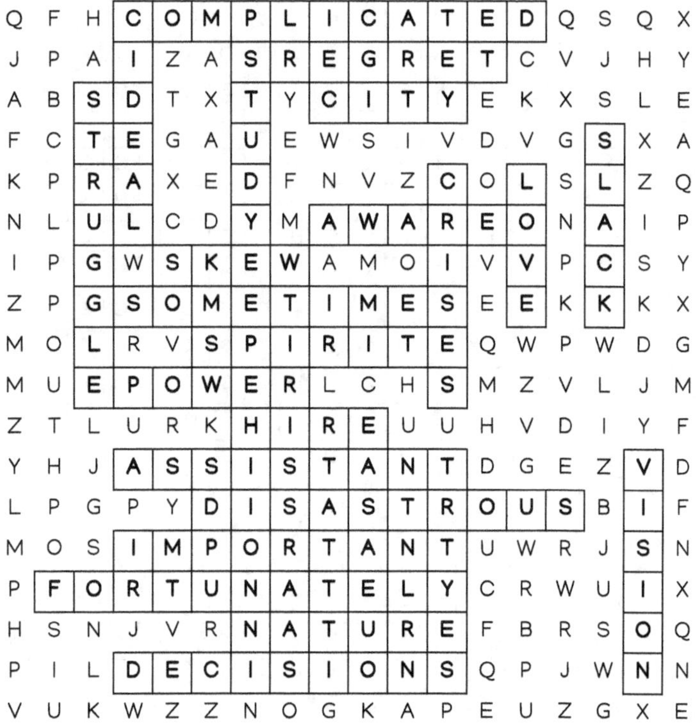

STRUGGLE, REGRET, IMPORTANT, STUDY, CRISES,
ASSISTANT, SOMETIMES, FORTUNATELY, LOVE,
CITY, HIRE, DISASTROUS, POWER, DECISIONS,
IDEAL, NATURE, SLACK, COMPLICATED, VISION,
AWARE, SPIRIT, SKEW

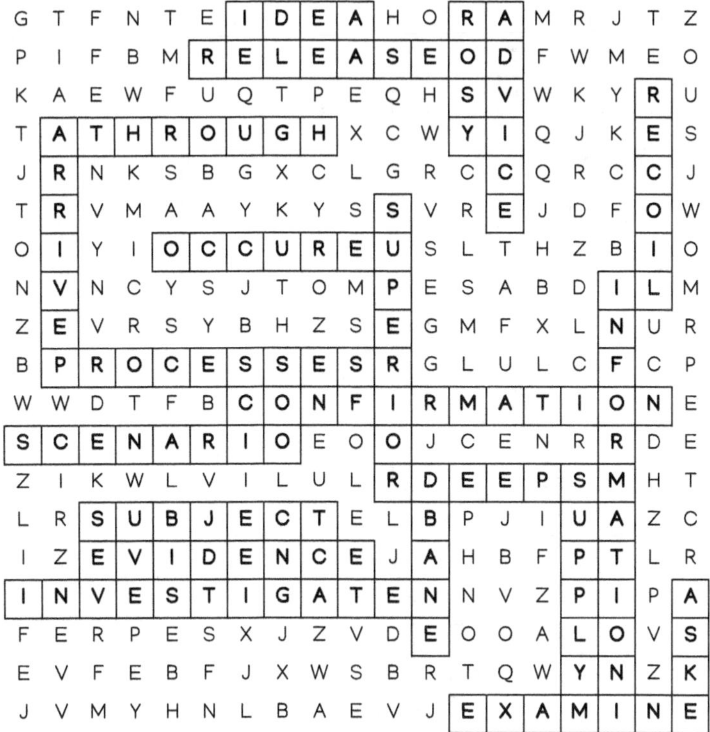

CONFIRMATION, RELEASE, INVESTIGATE,
INFORMATION, OCCURE, SUPERIOR, ASK, BANE,
DEEP, RECOIL, PROCESSES, EVIDENCE, SUPPLY,
SUBJECT, ARRIVE, ROSY, EXAMINE, THROUGH,
ADVICE, SCENARIO, IDEA

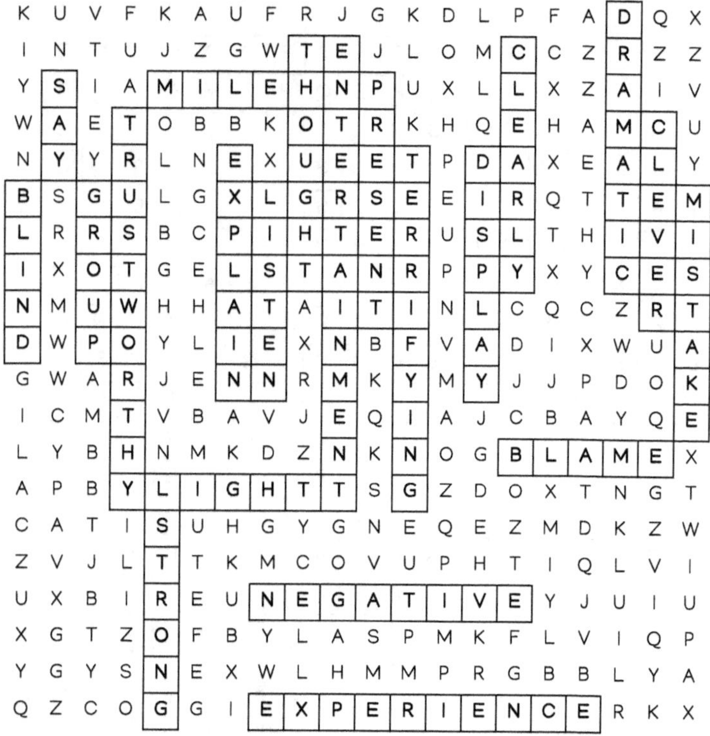

MILE, DRAMATIC, NEGATIVE, PRESENT, SAY,
EXPLAIN, LISTEN, TRUSTWORTHY, THOUGHT,
DISPLAY, LIGHT, CLEARLY, BLIND, STRONG,
ENTERTAINMENT, EXPERIENCE, BLAME, MISTAKE,
GROUP, TERRIFYING, CLEVER

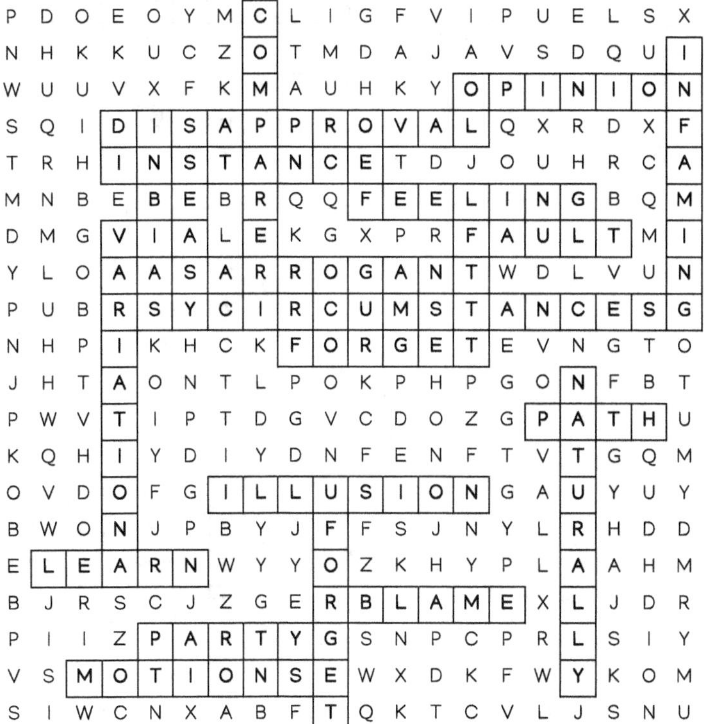

FORGET, PATH, INSTANCE, PARTY, OPINION,
NATURALLY, BLAME, FORGET, VARIATION, EASY,
MOTIONS, COMPARE, ILLUSION, DISAPPROVAL,
INFAMING, FEELING, LEARN, CIRCUMSTANCES,
FAULT, BIAS, ARROGANT

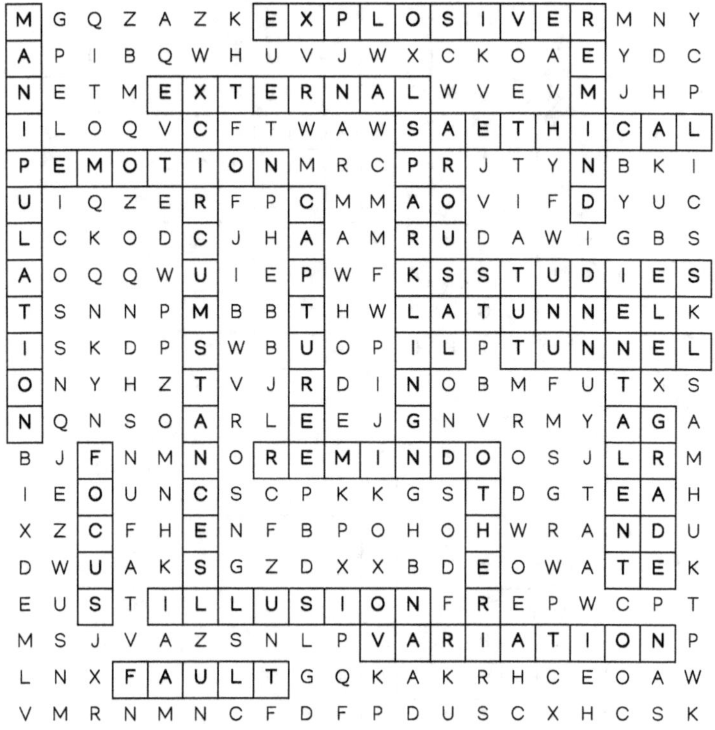

TUNNEL, CIRCUMSTANCES, OTHER, REMIND,
AROUSAL, EXTERNAL, REMIND, VARIATION,
SPARKLING, GRADE, FAULT, MANIPULATION,
ETHICAL, TALENT, EMOTION, CAPTURE, STUDIES,
TUNNEL, FOCUS, ILLUSION, EXPLOSIVE

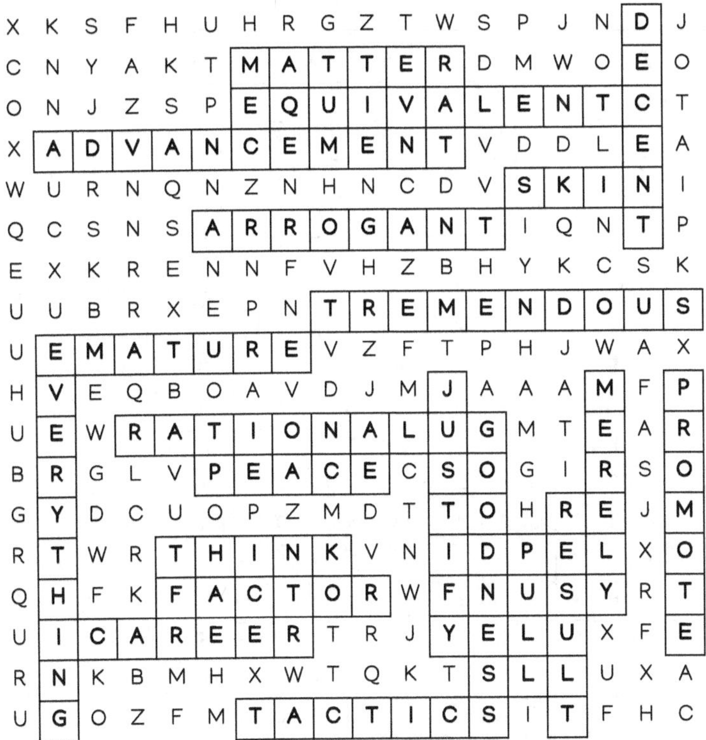

TACTICS, TREMENDOUS, MATURE, JUSTIFY,
PEACE, DECENT, THINK, SKIN, EQUIVALENT,
EVERYTHING, RESULT, ARROGANT, PULL,
PROMOTE, FACTOR, CAREER, RATIONAL, MERELY,
ADVANCEMENT, MATTER, GOODNESS

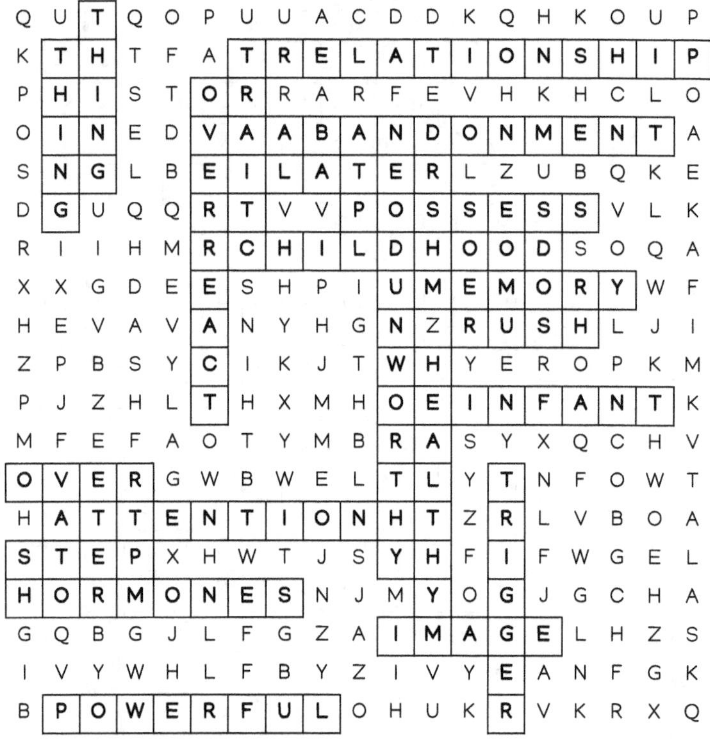

POWERFUL, IMAGE, OVERREACT, CHILDHOOD, UNWORTHY, ABANDONMENT, HEALTHY, OVER, STEP, ATTENTION, RELATIONSHIP, THING, RUSH, HORMONES, TRAIT, LATER, THING, TRIGGER, MEMORY, INFANT, POSSESS

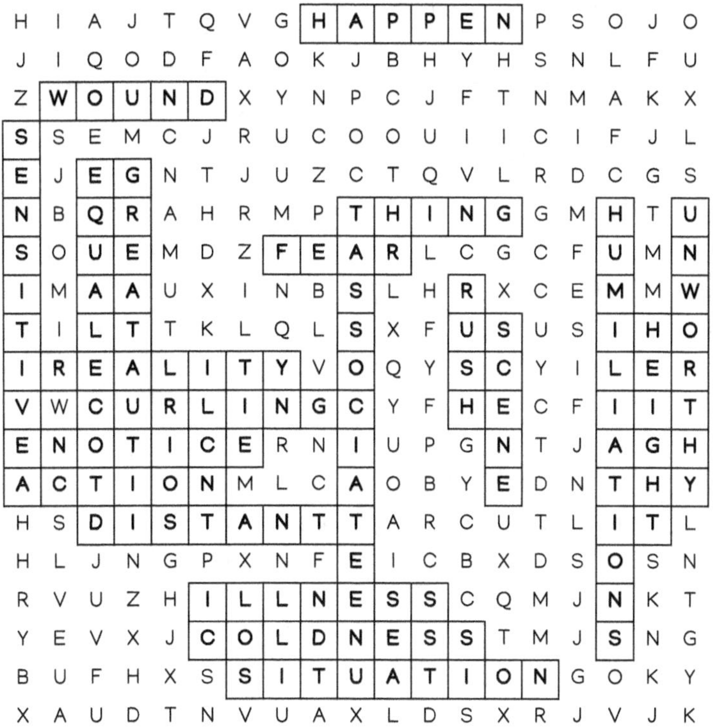

UNWORTHY, SCENE, GREAT, ASSOCIATE, WOUND,
HUMILIATIONS, ILLNESS, ACTION, EQUAL,
COLDNESS, REALITY, RUSH, HEIGHT, CURLING,
DISTANT, NOTICE, HAPPEN, THING, FEAR,
SENSITIVE, SITUATION

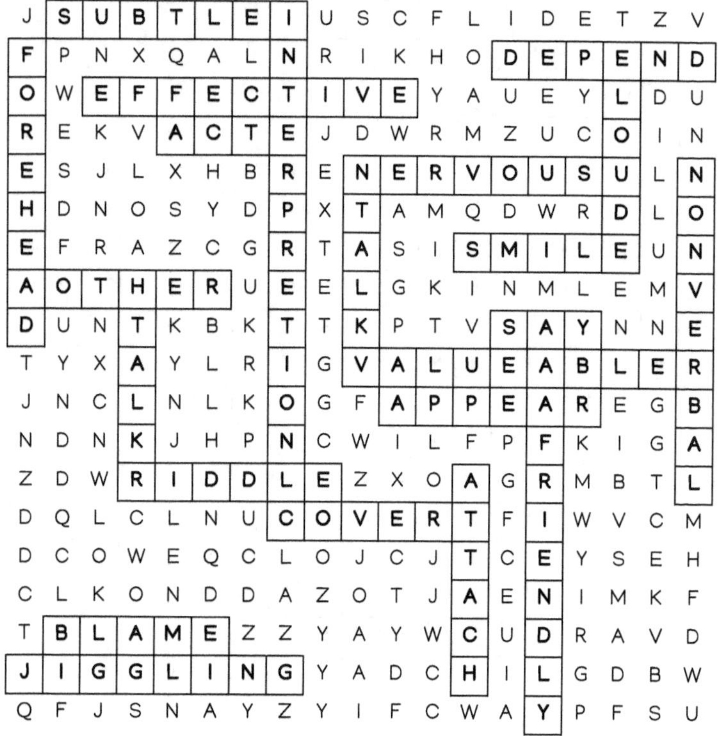

APPEAR, DEPEND, RIDDLE, FRIENDLY,
INTERPRETION, COVER, EFFECTIVE, SUBTLE,
ACT, SMILE, NONVERBAL, FOREHEAD, TALK,
VALUEABLE, ATTACH, SAY, JIGGLING, BLAME,
NERVOUS, LOUD, TALK, OTHER

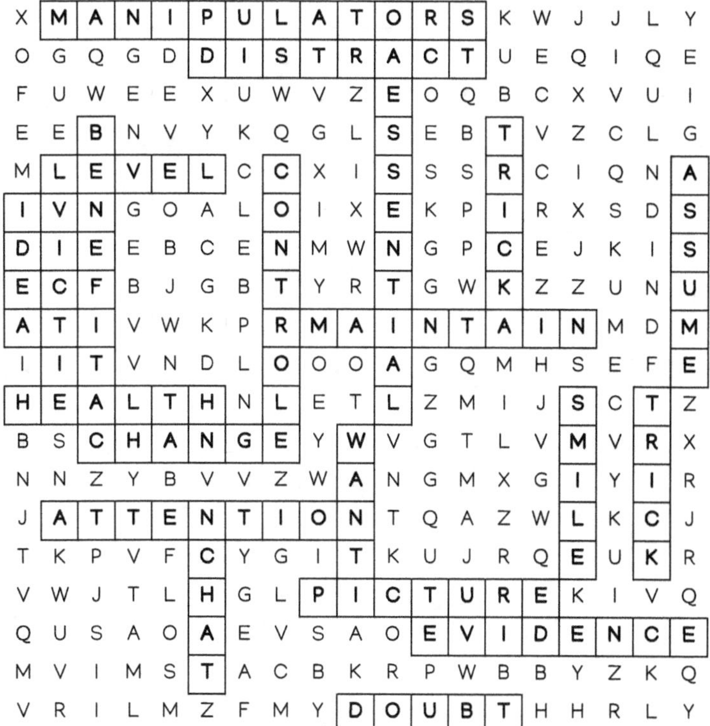

CONTROL, HEALTH, EVIDENCE, SMILE, PICTURE,
ATTENTION, MAINTAIN, MANIPULATORS, ASSUME,
TRICK, LEVEL, WANT, DISTRACT, ESSENTIAL,
DOUBT, BENEFIT, CHAT, VICTI, IDEA, CHANGE,
TRICK

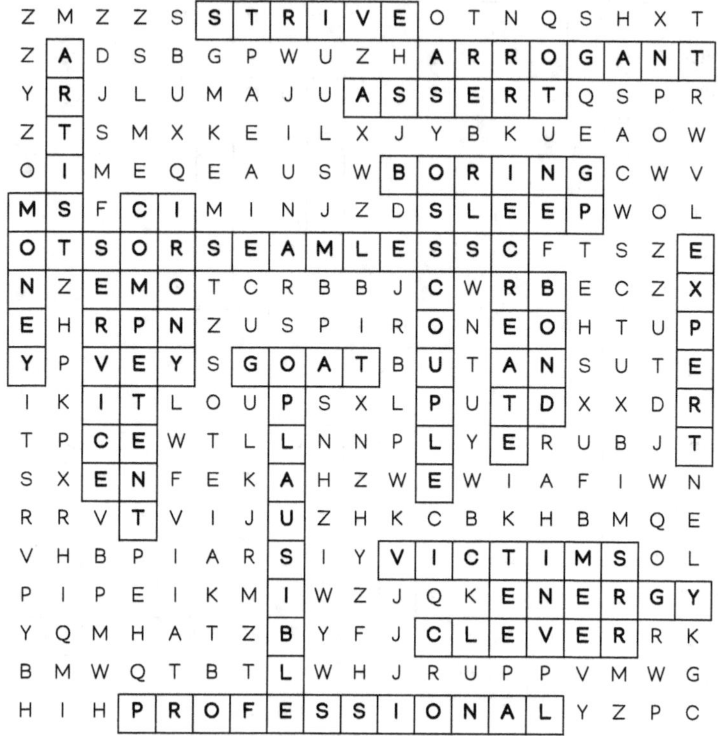

STRIVE, ASSERT, GOAT, CREATE, ENERGY,
ARTIST, EXPERT, PLAUSIBLE, ARROGANT,
CLEVER, MONEY, COUPLE, BORING, BOND,
VICTIMS, SLEEP, SERVICE, IRONY,
PROFESSIONAL, COMPETENT, SEAMLESS

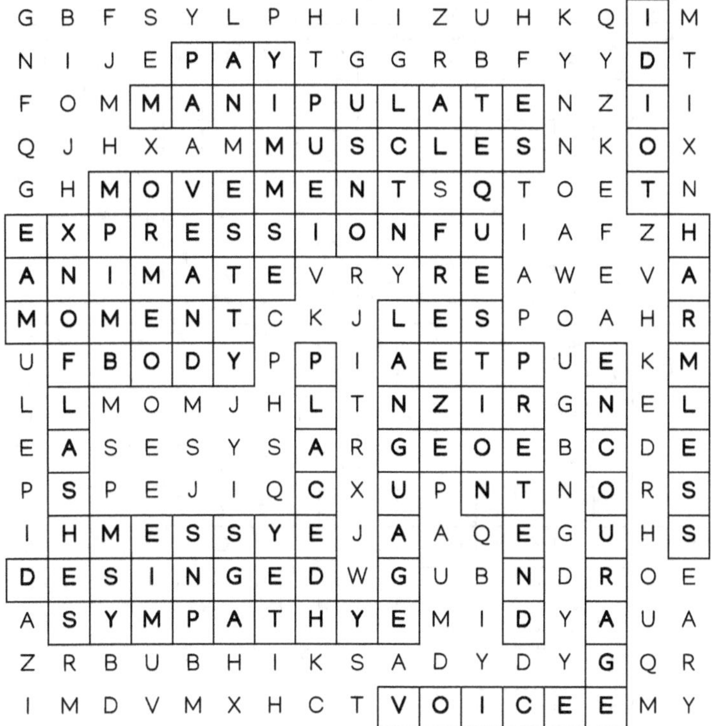

IDIOT, MANIPULATE, FREEZE, MOMENT, ANIMATE, LANGUAGE, MESSY, DESINGED, HARMLESS, FLASH, QUESTION, VOICE, PAY, MOVEMENT, PRETEND, BODY, EXPRESSION, SYMPATHY, PLACE, ENCOURAGE, MUSCLES

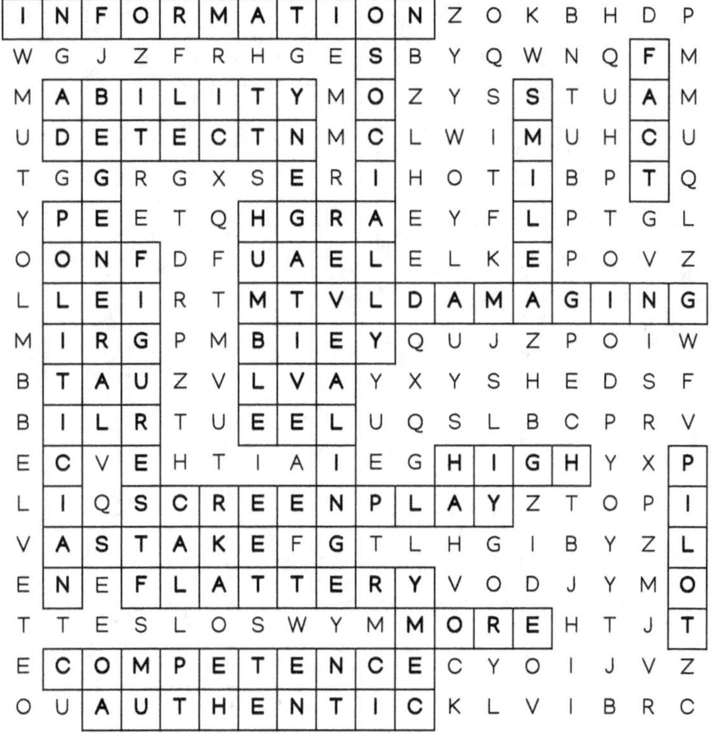

SOCIALLY, FACT, HUMBLE, FLATTERY, HIGH, STAKE, GENERAL, INFORMATION, NEGATIVE, COMPETENCE, AUTHENTIC, MORE, SCREENPLAY, SMILE, DAMAGING, DETECT, PILOT, FIGURE, POLITICIAN, REVEALING, ABILITY

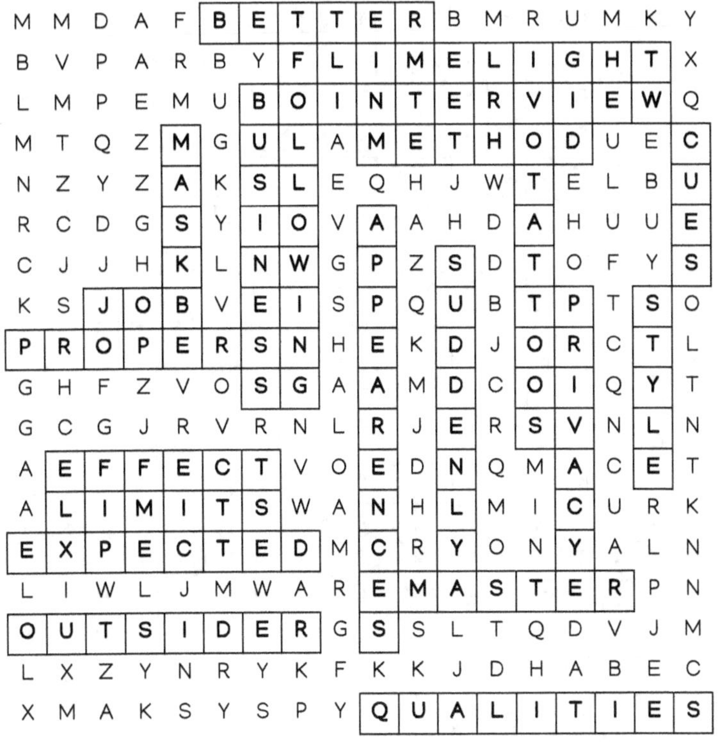

OUTSIDER, APPEARENCES, PRIVACY, FOLLOWING,
JOB, STYLE, PROPER, CUES, SUDDENLY, MASTER,
BUSINESS, METHOD, LIMITS, LIMELIGHT,
INTERVIEW, QUALITIES, EFFECT, BETTER, MASK,
EXPECTED, TATTOOS

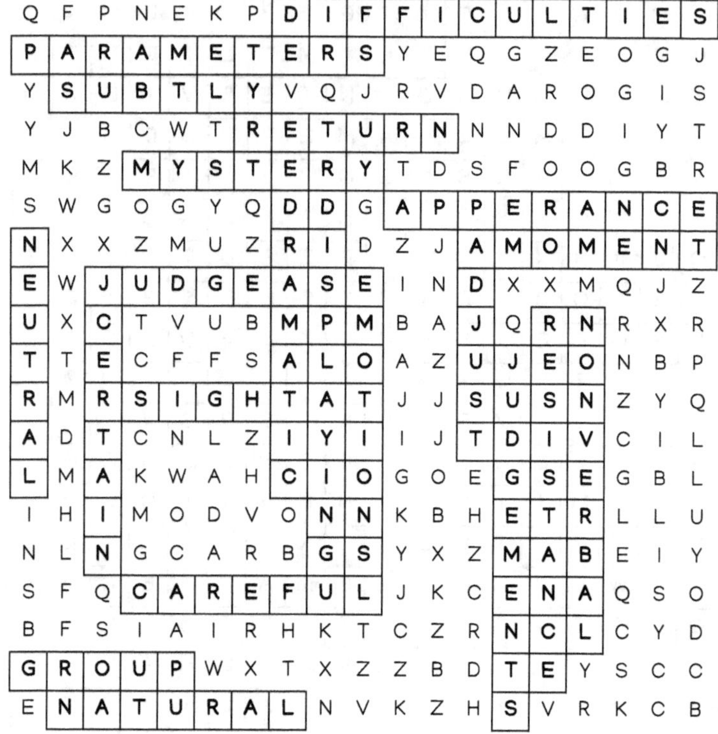

DISPLAYING, CERTAIN, JUDGEMENTS, SIGHT,
GROUP, PARAMETERS, NATURAL, APPERANCE,
RESISTANCE, DRAMATIC, ADJUST, MYSTERY,
MOMENT, NEUTRAL, SUBTLY, EMOTIONS,
CAREFUL, JUDGE, RETURN, NONVERBAL,
DIFFICULTIES

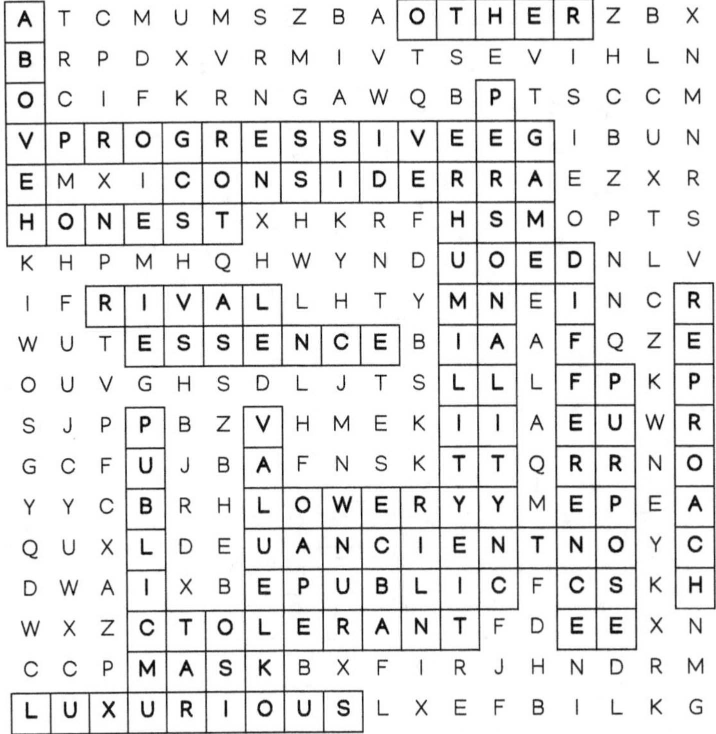

A	T	C	M	U	M	S	Z	B	A	O	T	H	E	R	Z	B	X
B	R	P	D	X	V	R	M	I	V	T	S	E	V	I	H	L	N
O	C	I	F	K	R	N	G	A	W	Q	B	P	T	S	C	C	M
V	P	R	O	G	R	E	S	S	I	V	E	E	G	I	B	U	N
E	M	X	I	C	O	N	S	I	D	E	R	R	A	E	Z	X	R
H	O	N	E	S	T	X	H	K	R	F	H	S	M	O	P	T	S
K	H	P	M	H	Q	H	W	Y	N	D	U	O	E	D	N	L	V
I	F	R	I	V	A	L	L	H	T	Y	M	N	E	I	N	C	R
W	U	T	E	S	S	E	N	C	E	B	I	A	A	F	Q	Z	E
O	U	V	G	H	S	D	L	J	T	S	L	L	L	F	P	K	P
S	J	P	P	B	Z	V	H	M	E	K	I	I	A	E	U	W	R
G	C	F	U	J	B	A	F	N	S	K	T	T	Q	R	R	N	O
Y	Y	C	B	R	H	L	O	W	E	R	Y	Y	M	E	P	E	A
Q	U	X	L	D	E	U	A	N	C	I	E	N	T	N	O	Y	C
D	W	A	I	X	B	E	P	U	B	L	I	C	F	C	S	K	H
W	X	Z	C	T	O	L	E	R	A	N	T	F	D	E	E	X	N
C	C	P	M	A	S	K	B	X	F	I	R	J	H	N	D	R	M
L	U	X	U	R	I	O	U	S	L	X	E	F	B	I	L	K	G

VALUE, PERSONALITY, MASK, CONSIDER,
ANCIENT, PUBLIC, REPROACH, PURPOSE,
ESSENCE, ABOVE, LUXURIOUS, TOLERANT, GAME,
HUMILITY, RIVAL, PROGRESSIVE, OTHER, PUBLIC,
HONEST, LOWER, DIFFERENCE

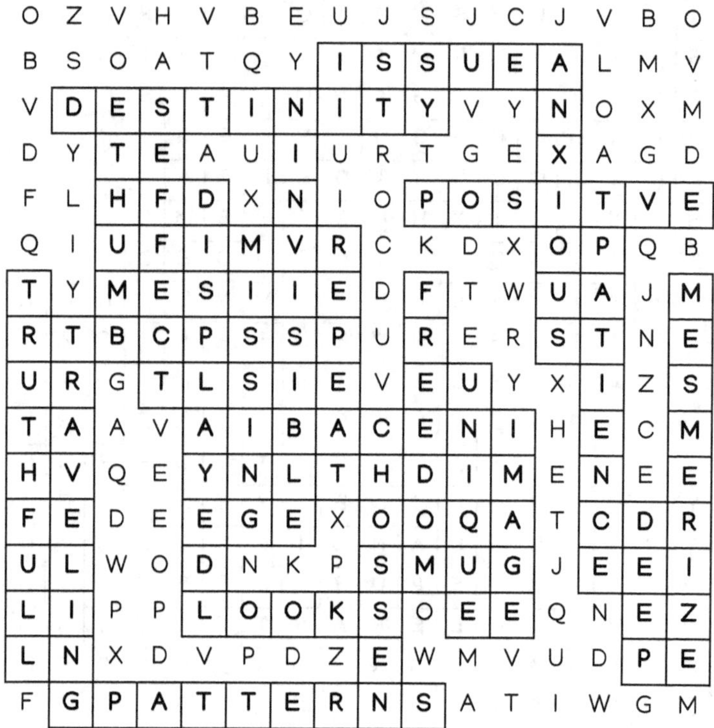

DEEP, CHOSSE, DESTINITY, INVISIBLE, DISPLAYED, UNIQUE, MESMERIZE, MISSING, IMAGE, REPEAT, POSITVE, ANXIOUS, PATIENCE, EFFECT, PATTERNS, ISSUE, TRAVELING, THUMB, FREEDOM, LOOK, TRUTHFULL

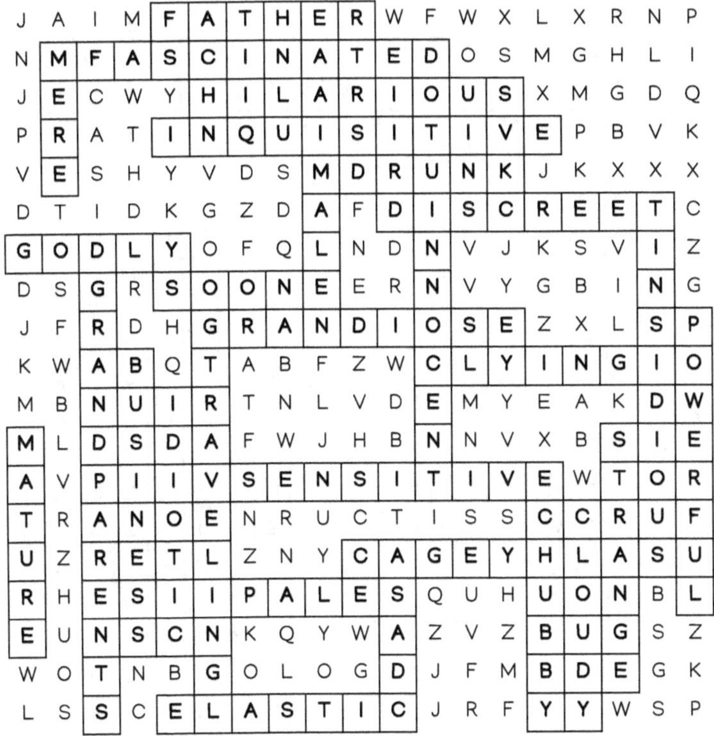

FASCINATED, GODLY, INNOCENT, SAD, SOON,
GRANDPARENTS, GRANDIOSE, DRUNK, MATURE,
POWERFUL, INSIDIOUS, BUSINESS, MERE,
CLOUDY, TRAVELING, CAGEY, CHUBBY,
SENSITIVE, LYING, ELASTIC, FATHER, DISCREET,
STRANGE, IDIOTIC, INQUISITIVE, PALE,
HILARIOUS, MALE

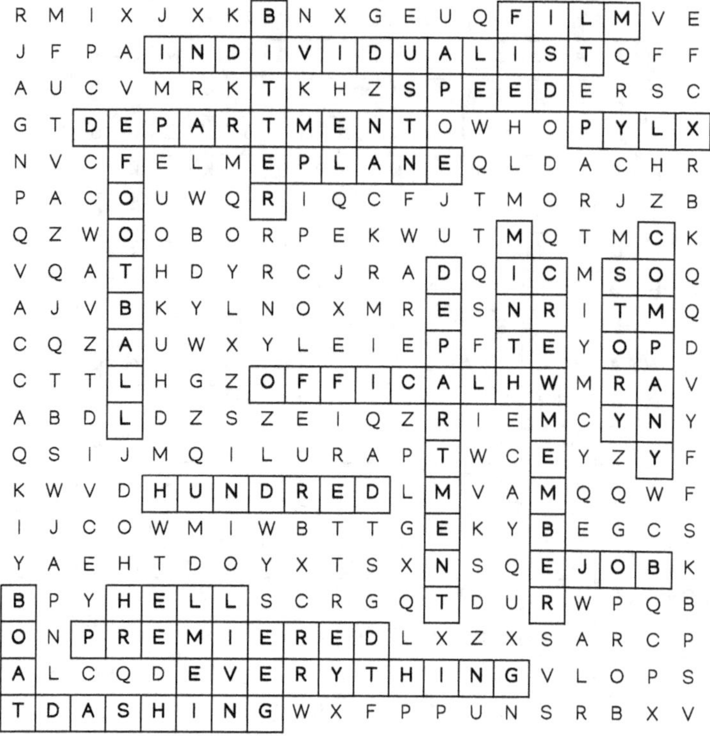

PART, EVERYTHING, BOAT, FOOTBALL, FILM, JOB,
HELL, DEPARTMENT, SPEED, DEPARTMENT,
OFFICAL, HUNDRED, STORY, COMPANY, BITTER,
CREWMEMBER, PREMIERED, PLANE, MINTH,
DASHING, INDIVIDUALIST

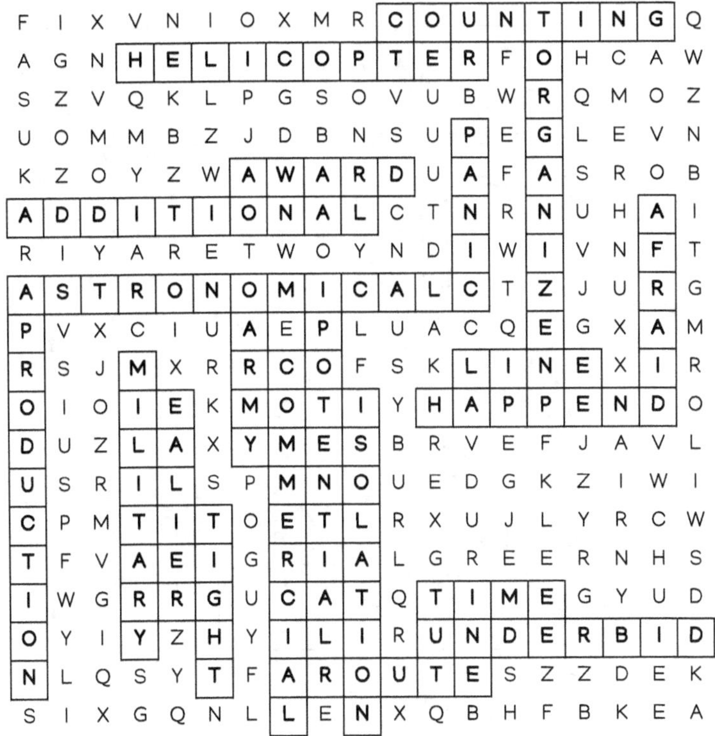

ASTRONOMICAL, LINE, HAPPEN, PRODUCTION,
MILITARY, PANIC, ROUTE, EALIER, ISOLATION,
COUNTING, UNDERBID, AFRAID, HELICOPTER,
TIGHT, ORGANIZE, AWARD, ARMY, TIME,
COMMERCIAL, ADDITIONAL, POTENTIAL

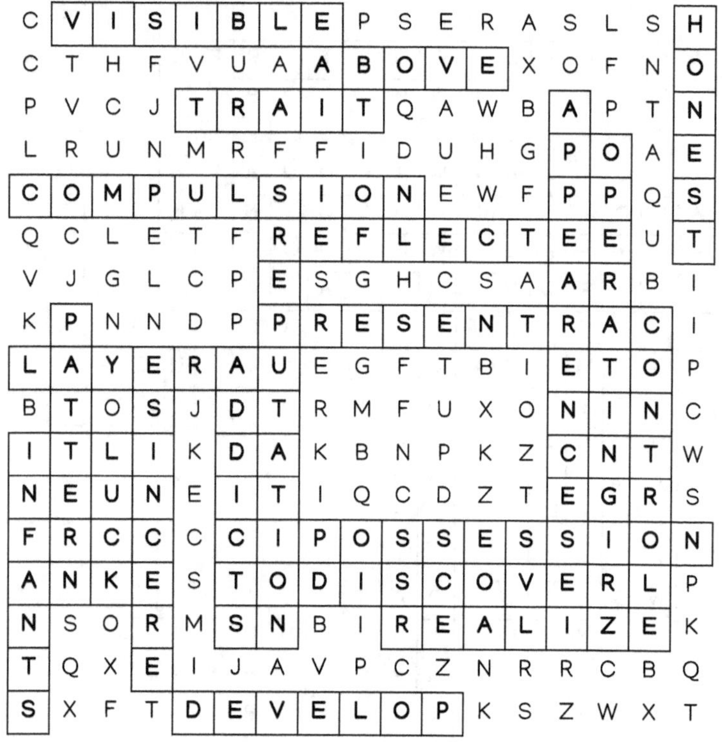

OPERATING, DEVELOP, HONEST, PRESENT, LAYER,
ABOVE, VISIBLE, COMPULSION, REPUTATION,
POSSESSION, APPEARENCE, REFLECT, PATTERN,
SINCERE, CONTROL, ADDICTS, REALIZE, TRAIT,
DISCOVER, INFANTS, LUCK

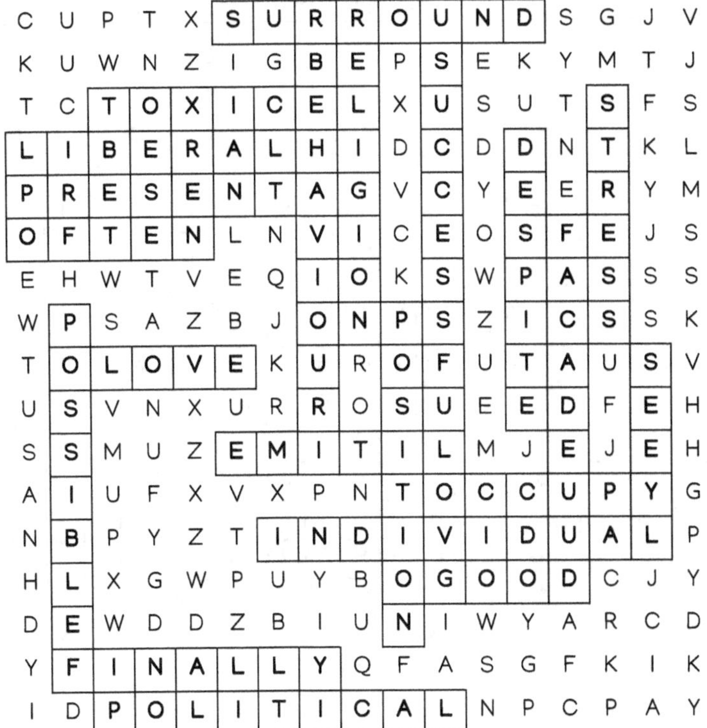

BEHAVIOUR, POSITION, SUCCESSFUL, EMIT,
FINALLY, STRESS, TOXIC, PRESENT, OCCUPY,
POSSIBLE, INDIVIDUAL, SURROUND, RELIGION,
POLITICAL, FACADE, LOVE, DESPITE, OFTEN,
SEE, LIBERAL, GOOD

Y V M I S D I Y U V U H P N A F R C P
R L R Q A E A D A B Z J Q O Z E U A S
M B B K T G E Y I M R Y E T J U Z T C
P J R C S N F O U R Z U N I P D E S H
T P D C O U N H A E C O J C A D A S V
L T A G M F O J N W S D O E R C T I P
F O D P E W P G A R S X Y A T V T N N
P B O S O P E O P L E I M B N A A S O
E N M X N S E A R C H C E L E N C E S
R I I X E R G O V E R N N E R A H C P
H O N C T K I S S U D W T G B L M U O
A C A E A R L Y I R P O I V S Y E R U
P U T Q Z G A C T M F R A H P S N I S
S J E K J L M H U C V K Y I Y I T T E
L J G Q D X E A A H D R O L E S H I L
Q H E V M A A N T O S W B M T F B E W
Q R B N I M L G I I M F A A E Y Q S G
J W K B Q N D E O C P R K X J D T Q G
O T H E R E Q O N E C U Z J H B F O O

ATTACHMENT, ANALYSIS, SPOUSE, SOMEONE,
WORK, GOVERN, PARTNER, INSECURITIES, ROLE,
CHOICE, ENJOYMENT, OTHER, NOTICEABLE,
EARLY, MEAL, PERHAPS, PEOPLE, DOMINATE,
SITUATION, SEARCH, CHANGE

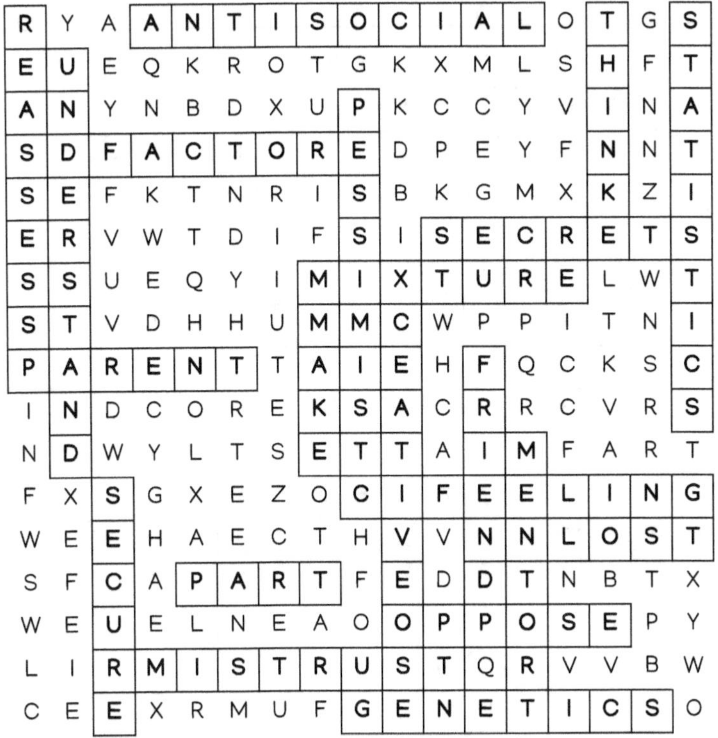

R	Y	A	A	N	T	I	S	O	C	I	A	L	O	T	G	S
E	U	E	Q	K	R	O	T	G	K	X	M	L	S	H	F	T
A	N	Y	N	B	D	X	U	P	K	C	C	Y	V	I	N	A
S	D	F	A	C	T	O	R	E	D	P	E	Y	F	N	N	T
S	E	F	K	T	N	R	I	S	B	K	G	M	X	K	Z	I
E	R	V	W	T	D	I	F	S	I	S	E	C	R	E	T	S
S	S	U	E	Q	Y	I	M	I	X	T	U	R	E	L	W	T
S	T	V	D	H	H	U	M	M	C	W	P	P	I	T	N	I
P	A	R	E	N	T	T	A	I	E	H	F	Q	C	K	S	C
I	N	D	C	O	R	E	K	S	A	C	R	R	C	V	R	S
N	D	W	Y	L	T	S	E	T	T	A	I	M	F	A	R	T
F	X	S	G	X	E	Z	O	C	I	F	E	E	L	I	N	G
W	E	E	H	A	E	C	T	H	V	V	N	N	L	O	S	T
S	F	C	A	P	A	R	T	F	E	D	D	T	N	B	T	X
W	E	U	E	L	N	E	A	O	O	P	P	O	S	E	P	Y
L	I	R	M	I	S	T	R	U	S	T	Q	R	V	V	B	W
C	E	E	X	R	M	U	F	G	E	N	E	T	I	C	S	O

THINK, MAKE, PESSIMISTC, MIXTURE, PARENT,
UNDERSTAND, PART, SECURE, FEELING, MENTOR,
FACTOR, GENETICS, SECRET, FRIEND, OPPOSE,
REASSESS, CEATIVE, STATISTICS, LOST,
ANTISOCIAL, MISTRUST

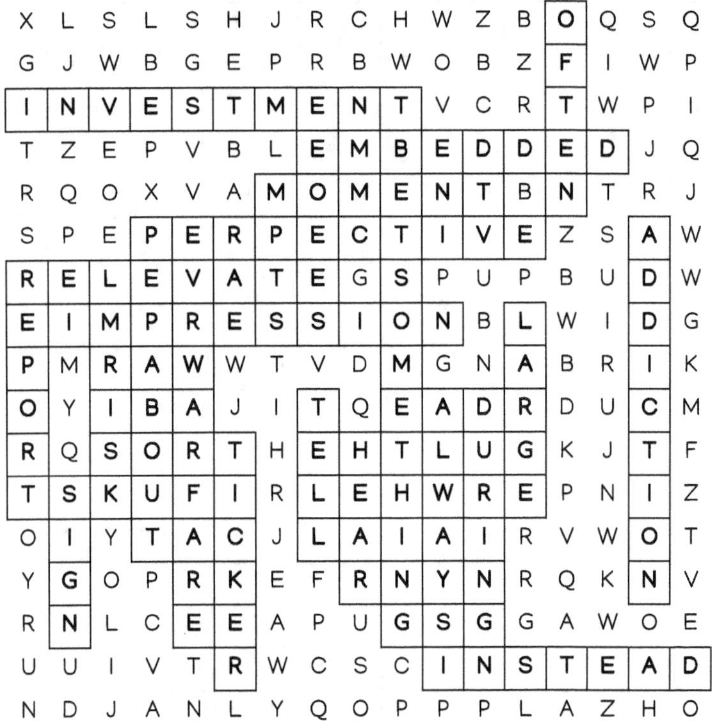

MOMENT, ABOUT, EMBEDDED, ADDICTION,
PERPECTIVE, SOMETHING, REPORT, INSTEAD,
WARFARE, HEAR, ELEVATE, IMPRESSION, LARGE,
RISK, SIGN, TICKER, OFTEN, ALWAYS,
INVESTMENT, TELL, DURING

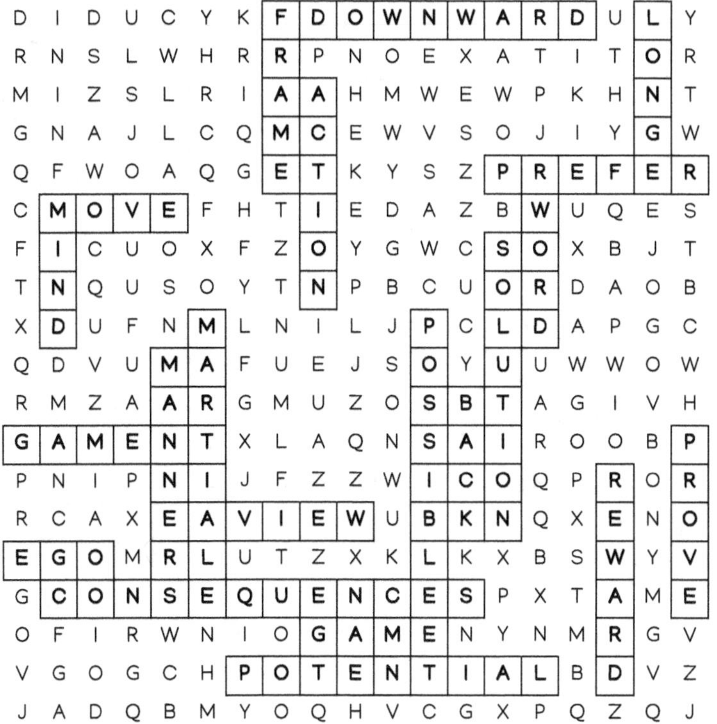

PREFER, MARTIAL, MOVE, FRAME, WORD, EGO,
POSSIBLE, BACK, GAME, MIND, PROVE,
POTENTIAL, LONG, SOLUTION, CONSEQUENCES,
GAME, ACTION, MANNER, VIEW, DOWNWARD,
REWARD

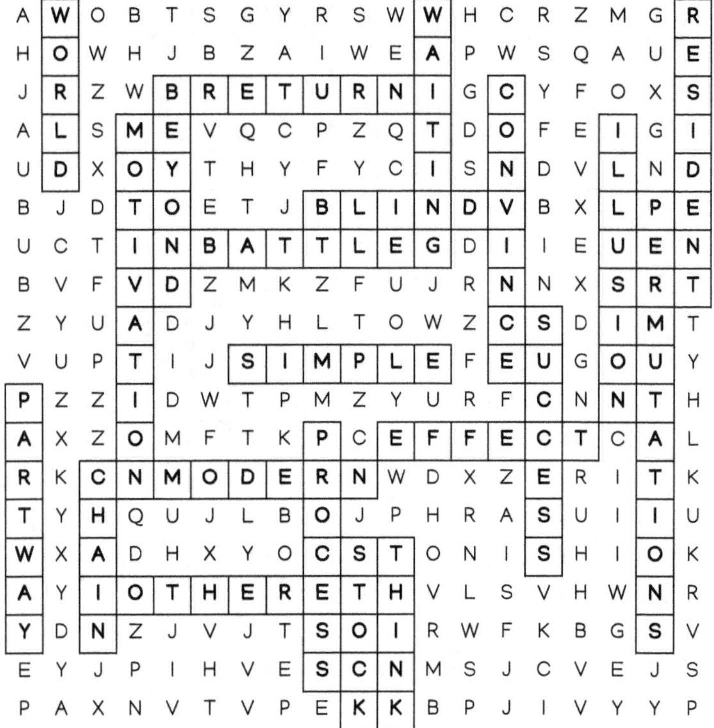

EFFECT, STOCK, BATTLE, OTHER, WORLD,
RESIDENT, CHAIN, BEYOND, SIMPLE, MODERN,
CONVINCE, PARTWAY, ILLUSION, SUCCESS,
MOTIVATION, PERMUTATIONS, THINK, PROCESS,
WAITING, RETURN, BLIND

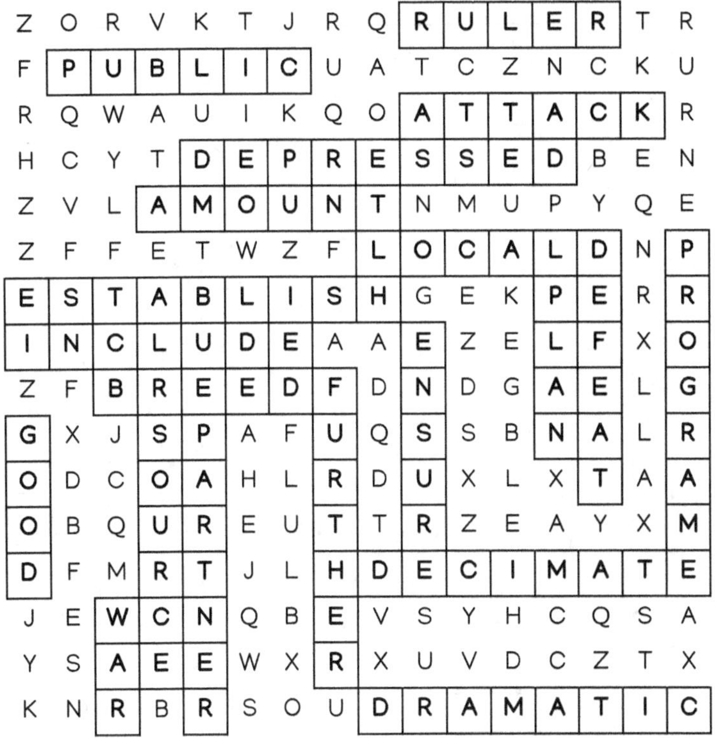

RULER, ESTABLISH, FURTHER, PROGRAM, BREED,
PARTNER, ATTACK, ENSURE, PUBLIC, INCLUDE,
AMOUNT, DECIMATE, LOCAL, PLAN, DEFEAT,
DEPRESSED, SOURCE, DRAMATIC, GOOD, WAR

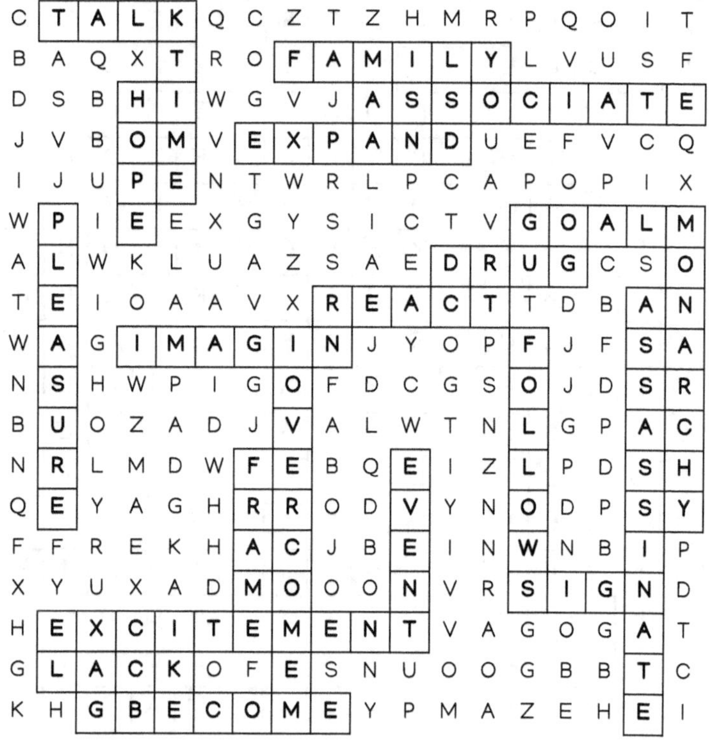

TALK, EVENT, EXPAND, IMAGIN, HOPE, SIGN,
FAMILY, MONARCHY, GOAL, GBECOME, FOLLOW,
FRAME, REACT, OVERCOME, ASSASSINATE,
ASSOCIATE, EXCITEMENT, LACK, PLEASURE,
TIME, DRUG

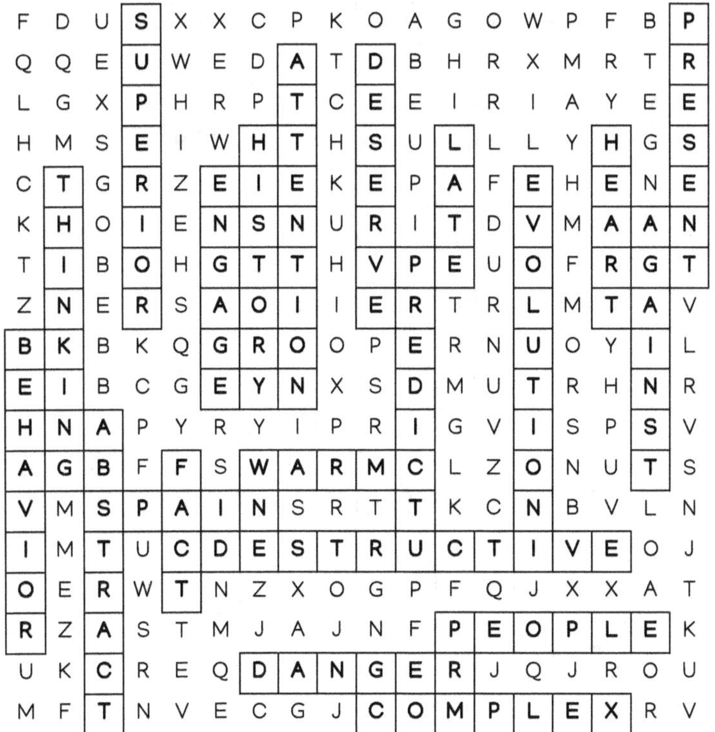

BEHAVIOR, SUPERIOR, FACT, LATE, PRESENT,
DESERVE, DESTRUCTIVE, ABSTRACT, HEART,
PEOPLE, THINKING, EVOLUTION, AGAINST,
ENGAGE, PAIN, DANGER, HISTORY, PREDICT,
ATTENTION, COMPLEX, WARM

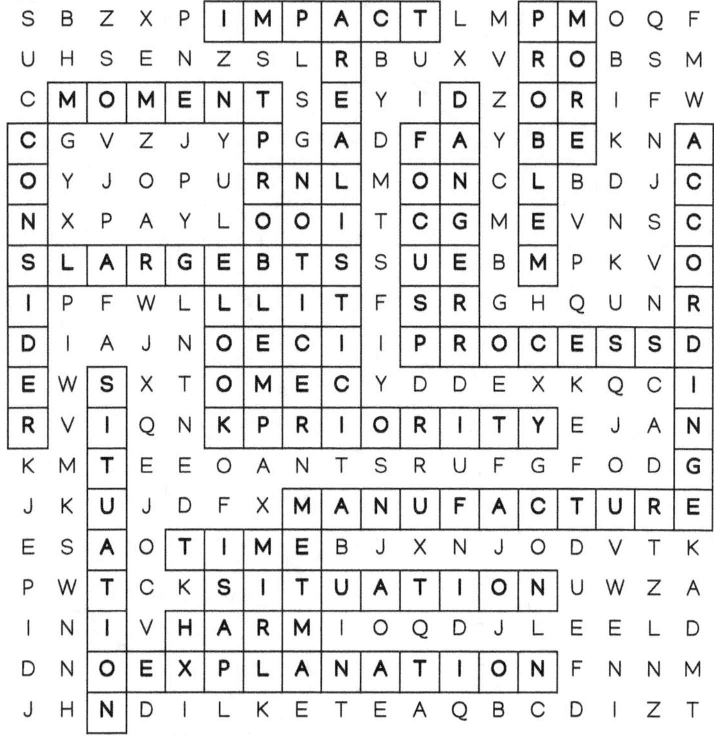

TIME, MOMENT, MANUFACTURE, LARGE,
PROCESS, ACCORDING, PRIORITY, DANGER,
CONSIDER, REALISTIC, HARM, FOCUS, IMPACT,
NOTICE, PROBLEM, PROBLEM, SITUATION,
EXPLANATION, SITUATION, MORE, LOOK

W	A	I	T	I	N	G	K	D	B	Z	O	Y	Z	Y	K	Y	F
M	H	C	O	M	M	O	N	H	F	V	U	H	F	X	V	B	N
A	I	A	I	V	O	P	P	A	A	R	T	S	E	C	O	N	D
J	G	L	D	C	T	F	O	N	S	A	R	O	M	A	T	I	C
C	H	C	I	L	H	V	W	D	C	F	A	Q	H	M	E	R	E
P	F	U	O	U	A	S	E	S	I	W	G	Z	D	R	U	N	K
H	A	L	T	I	N	G	R	O	N	X	E	F	Z	T	E	M	D
F	L	A	I	D	K	W	F	M	A	E	O	S	C	A	R	E	D
G	U	T	C	A	F	J	U	E	T	C	U	L	C	A	G	E	Y
U	T	I	H	B	U	O	L	L	E	D	S	L	Y	I	N	G	D
L	I	N	K	E	L	T	F	Y	D	A	A	S	F	A	I	B	I
L	N	G	H	I	L	A	R	I	O	U	S	T	O	E	X	T	S
I	T	Y	D	I	F	F	E	R	E	N	T	R	M	Q	V	I	C
B	M	F	D	A	D	H	E	S	I	V	E	A	A	P	T	Z	R
L	D	I	S	G	U	S	T	E	D	A	X	N	L	D	A	R	E
E	R	U	R	L	B	U	T	P	A	L	E	G	E	R	D	P	E
N	E	B	U	L	O	U	S	L	L	U	J	E	S	Y	Z	Z	T
I	Z	K	S	A	D	E	K	N	K	N	C	L	O	F	G	B	P

HANDSOMELY, OUTRAGEOUS, HIGHFALUTIN,
DRUNK, HALTING, WAITING, AROMATIC, GULLIBLE,
MALE, DIFFERENT, STRANGE, DRY, PALE, LYING,
ADHESIVE, DISCREET, THANKFUL, SAD,
POWERFUL, IDIOTIC, DISGUSTED, COMMON,
SCARED, HILARIOUS, NEBULOUS, CALCULATING,
CAGEY, FASCINATED, SECOND, MERE

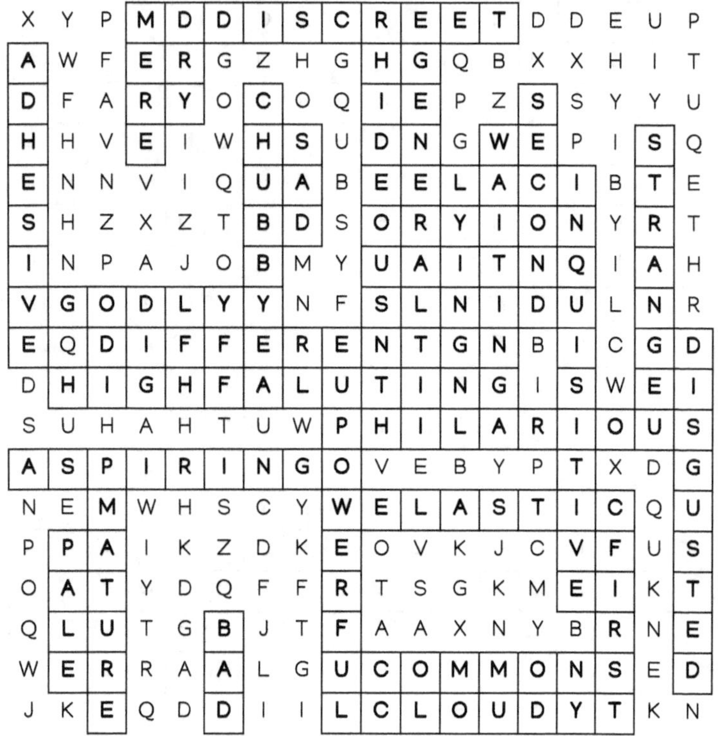

HILARIOUS, DISGUSTED, POWERFUL, FIRST,
STRANGE, SAD, DRY, GENERAL, LYING, ADHESIVE,
MATURE, WAITING, GODLY, HIGHFALUTIN,
DISCREET, CHUBBY, COMMON, DIFFERENT,
SECOND, MERE, ELASTIC, HIDEOUS, INQUISITIVE,
ASPIRING, BAD, CLOUDY, PALE

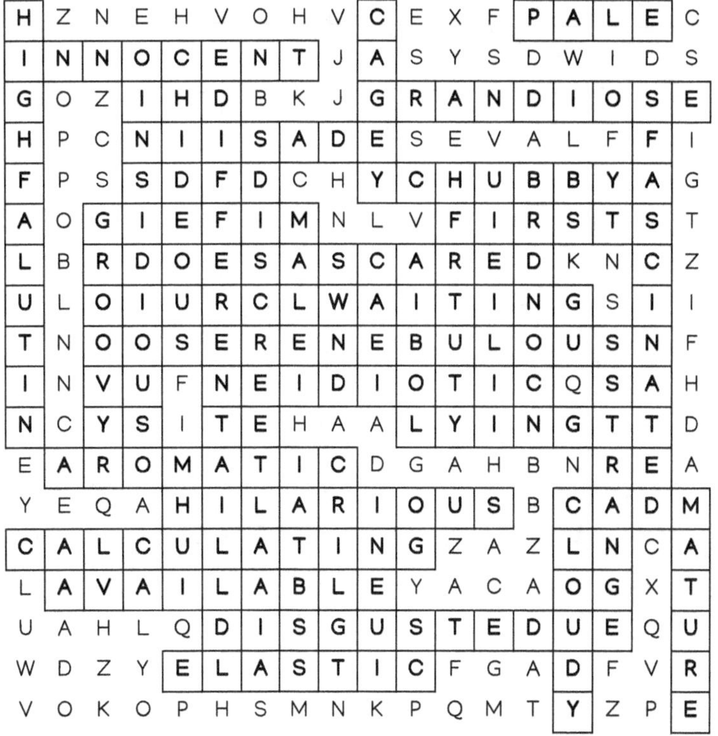

GRANDIOSE, DISCREET, FASCINATED, AROMATIC,
CLOUDY, SCARED, MALE, IDIOTIC, STRANGE, SAD,
CALCULATING, GROOVY, FIRST, HIGHFALUTIN,
CAGEY, ELASTIC, INNOCENT, DISGUSTED,
MATURE, PALE, HILARIOUS, CHUBBY, WAITING,
AVAILABLE, LYING, INSIDIOUS, HIDEOUS,
NEBULOUS, DIFFERENT

www.ingramcontent.com/pod-product-compliance
Lightning Source LLC
Chambersburg PA
CBHW071927120726
48001CB00005B/1900